数字经济与企业数字化转型研究

主编◎何　庆

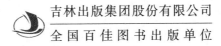

吉林出版集团股份有限公司

全国百佳图书出版单位

图书在版编目（CIP）数据

数字经济与企业数字化转型研究 / 何庆主编 . —— 长春：吉林出版集团股份有限公司，2024.5
ISBN 978-7-5731-5067-7

Ⅰ. ①数… Ⅱ. ①何… Ⅲ. ①信息经济－研究②企业管理－数字化－研究 Ⅳ. ①F49②F272.7

中国国家版本馆 CIP 数据核字（2024）第 108372 号

SHUZI JINGJI YU QIYE SHUZIHUA ZHUANXING YANJIU

数字经济与企业数字化转型研究

主　　编　何　庆
责任编辑　杨亚仙
装帧设计　聚华文化

出　　版　吉林出版集团股份有限公司
发　　行　吉林出版集团社科图书有限公司
地　　址　吉林省长春市南关区福祉大路 5788 号　邮编：130118
印　　刷　长春新华印刷集团有限公司
电　　话　0431－81629711（总编办）
抖 音 号　吉林出版集团社科图书有限公司 37009026326

开　　本　787mm×1092mm　1/16
印　　张　11
字　　数　270 千字
版　　次　2024 年 5 月第 1 版
印　　次　2024 年 5 月第 1 次印刷

书　　号　ISBN 978-7-5731-5067-7
定　　价　68.00 元

如发现印装质量问题，请与市场营销中心联系调换。0431－81629729

前　言

在当今数字化时代，技术的迅猛发展以及互联网和其他数字技术的普及改变了人们生活和工作的方式，数字经济和企业数字化转型已经成为商业界和经济领域中的热门话题。数字经济和企业数字化转型的重要性在于它们对企业的持续发展和竞争力具有深远影响。在数字经济中，企业需要积极适应新技术和新趋势，不断推动创新和变革，以提高竞争力，数字化转型则为企业提供了实现这一目标的路径和方法。

基于此，本书以"数字经济与企业数字化转型研究"为题，阐述数字经济及其发展、数字经济的特征和属性、数字生产力与数字生产关系；分析数字经济与传统经济理论、数字经济的基础产业、数字经济理论及运行机理；讨论数字经济时代企业转型的动力、模式及保障、数字经济时代企业的协同管理、创新管理；探讨企业数字化发展战略构建、企业财务管理的数字化转型优化、数字化背景下企业运营模式、数字化背景下企业网络营销对策；阐述人力资源管理的数字化转型，数字化背景下客户关系管理、企业档案管理与企业风险管理优化。

本书内容具有综合性、指导性和可读性，全面阐述数字经济和企业数字化转型的原理、特征和趋势，从不同维度对数字经济进行分析，并探讨企业数字化转型的关键要素和成功策略，对研究企业发展的读者具有一定的参考价值。

笔者在本书的编写过程中，得到了许多专家学者的帮助和指导，在此表示诚挚的谢意。由于笔者水平有限，加之时间仓促，书中所涉及的内容难免有疏漏之处，希望各位读者多提宝贵意见，以便笔者进一步修改，使之更加完善。

编　者

2023 年 3 月

目　录

第一章 数字经济的认知

第一节 数字经济及其发展

一、数字经济的内涵与层次

(一) 数字经济的内涵

数字经济的出现不是偶然的,而是历史发展的必然规律。从经济社会发展形态来看,数字经济是建立在过去的农业经济和工业经济基础之上的一种社会发展形态。数字经济出现之后,人类社会对其认识也在不断加深。数字经济是以数字化知识和信息为生产要素,以信息网络为基本载体,全方位实现生产效率提升和经济结构优化的一系列经济活动。

随着数字经济实践的不断发展,其内涵也呈现出不断衍生的变化状态。一般来说,数字经济的基础产业繁多,包括通信设备、计算机制造、广播电视、卫星传播、信息技术等,同时互联网零售、电子商务等奠基于数字技术之上的行业都属于数字经济的核心范围。当然,数字经济不好界定的根本原因在于其大融合的特征。传统各行业都可以通过数字信息技术的使用实现数字化转型,成为数字经济的主体,这部分内容在数字经济中占据着非常大的比重。

从本质上来看,数字经济是一个社会经济发展阶段的概念,并不是一种确定性的经济形态。原因在于互联网和数字技术已经成为社会经济发展的基础性资源,就像传统工业时代的水源和电力一样。现在可以确定的是,经过长时间的发展,未来将不会再存在数字经济的提法。数字经济在未来社会就是一种常态经济。

（二）数字经济的层次

数字经济主要以信息网络为依托，以数字信息为资源，以通信技术为中介，与其他经济行业和领域进行了密切的融合。整体来看，数字经济主要包括以下层次：

第一，基础型数字经济层，该层主要以信息产业为主体，具体展现为信息产品和信息服务的生产和供给，涉及通信业、软件业、电子产品制造业。

第二，融合型数字经济层，该层主要是信息资本融合传统产业所形成的。随着通信技术的不断革新和迭代，信息传输和处理技术不断和传统产业融合，深刻影响着传统产业的生产、加工和流通等环节。生产组织方式的变化，带来了生产效率的提升。

第三，效率型数字经济层，该层主要是信息技术发展带来的全产业链生产效率的提升。它主要是指信息技术使用带来的经济增量。

第四，新生型数字经济层，这种类型的数字经济的全新的，是通信技术不断与传统行业融合，所形成的新经济模式、新产业形态，发展前景广阔。

第五，福利型数字经济层，该层主要是指信息技术与社会各领域的融合，带来的更广泛的社会信任、社会安全以及社会参与，进行形成社会福利经济。

二、数字经济的发展

"发展数字经济意义重大，是把握新一轮科技革命和产业变革新机遇的战略选择。"[①] 数字经济的发展与数字技术或信息技术的发展历程息息相关。从20世纪90年代至今，信息技术引领新一轮科技革命不断推动技术演进并创造出新的产品，不论是电子计算机的划时代发明，还是互联网诞生和普及带来的广泛连接性，抑或是近年来兴起的大数据等新兴技术所预示和导向的智能化前景，都推进着数字经济的演化和发展。技术与产业、创新与资本、渗透与融合互相推进，不断迸发出新的活力，推动着数字经济经历了三轮层层递进的发展阶段。随着电子计算机的发明和产品形态的演变，"0—1"数字化的出现引发了数字经济的第一轮浪潮；因特网、移动互联网的发展普及引发了

---

①孙克. 数字经济 [J]. 信息通信技术与政策，2023 (1) 1.

数字经济的第二轮浪潮；而近年来全球范围内数字技术的深度跨界融合正在引发数字经济的新一轮浪潮。

互联网以数字"0"和"1"构成的比特流改变了信息的传输方式和交互方式，改变了商品的流通方式和交易方式，一经商业化就展现出强大的生命力。在此背景下，数字经济的概念被提出并引起广泛关注。

（一）电子计算机开启"0—1"世界

电子计算机的出现开启了一个全新的时代，从传统的模拟计算方式转变为数字计算。这种由"0—1"构成的数字世界，彻底改变了人类的生产和生活方式。电子计算机的应用使得信息处理速度大幅提升，数据存储和检索变得更加高效，从而推动了各行各业的数字化转型。企业可以利用计算机进行数据分析和决策，提高生产效率和经营管理水平。个人可以通过计算机进行远程工作、在线学习和数字娱乐，提升了生活品质。

数字经济发展的起步阶段必然是信息的数字化。早期的数字化就是从口头或纸质媒介记载的信息转变为存储器计算的"0—1"语言，这种指令化语言更便于对数据和信息的加工和处理，具备可复制、格式化、跨越空间和时间等特点，提高了信息的传播速度和准确处理的效率，并且将人类从一部分重复计算的脑力劳动中解放出来，进一步加强了对知识和创新的关注。

（二）互联网开启虚拟世界

如果说电子计算机的出现实现了信息存储和处理方式的变革，那么互联网的出现则完全开启了一个新的时代，人类的经济社会活动似乎有了一个虚拟化"映射"，从现实世界投影到了一个虚拟的世界。这个虚拟世界不仅改变了现实世界的信息形态，并且通过大量的软件和信息服务创造了多种多样的语言和图形等信息表达形式，不断丰富和完善着数字经济的世界。

进入21世纪以来，随着移动通信技术的迅猛发展、移动通信设备的推陈出新和移动智能终端的快速普及，移动互联网在全球实现了突破性的发展。全球移动互联网的增长速度远远高于桌面互联网的增长速度，从笔记本电脑到手机、智能手机、可穿戴设备、智能家居乃至未来的智能（无人驾驶）汽车等，智能设备和产品都处于持续加速增长中，运营商、移动终端制造商、互联网企业和内容提供商们纷纷推出各自的移动互联网战略，抢占移动互联的巨大市场。至此，互联网和移动互联网不仅突破了时间和空间的界限，还创新了信息搜集来源和方式，创造了移动互联的数字世界。

与互联网的迅猛发展相匹配的是人们对数字经济理解、认识的再升华。20世纪90年代末，美国引领全球再次开启对数字经济的研究，美国商务部关注数字经济的经济影响和政策意义，经济界和未来学家之间对数字经济是否颠覆了新古典经济学为主流的经济学框架产生了分歧，此时中国、韩国、新加坡等国的经济赶超也正在改变世界互联网发展格局，越来越多的国家和地区参与到数字经济的发展事业中。

（三）大数据开启智能世界

"大数据"的迅速蹿红主要源于技术的快速商业化和数据爆炸时代人们的需求渴望。在众多新兴技术中，大数据的发展已经进入应用发展阶段，正在成为新一代信息技术产业的新兴增长点和支撑点。目前，技术创新和商业模式创新推动大数据的行业应用领域不断增加，大数据产业化的范围和深度持续拓展。

大数据直接指向数字经济新时代的核心——海量、多样的数据产生的价值。如果说计算机打开了数字化的世界，互联网开启了虚拟的世界，那么大数据将可能与云计算、人工智能以及众多新兴技术一起，打开通向未知的智能世界的大门。大数据强调浩大信息量的价值提取，超越了传统的统计与计量方法，可能带来人类对经济、社会认识方法论的改变。对于这个新时代的数字经济，我们最确定的就是不确定性。

总的来说，数字经济的发展带来了从"0—1"世界到虚拟世界再到智能世界的发展变革。这些变革推动了经济和社会的进步，提供了更多的机遇和便利。然而，数字经济也面临一些挑战，如数据隐私保护、网络安全和数字鸿沟等问题，需要各方共同努力来解决。通过积极应对这些挑战，数字经济可以为人们创造更加繁荣和可持续的未来。

第二节　数字经济的特征和属性

一、数字经济的特征

（一）数字和信息

数字经济时代的交易过程是通过知识对数据进行处理，从而获得自己想要的信息，知识在发展过程中发挥作用，本身与传统的劳动力以及资本完全不同。与土地、劳动力和机械设备等传统经济中农业和工业时期的社会主要生产要素相比，数字经济时期的核心生产要素——数据和信息成为推动数字经济发展的关键，数字经济在发展过程中对数据资源进行加工，产生相应的信息，并参与到经济发展的过程中，数字化信息与传统生产要素相比具有低成本和可复制的优势。

（二）渗透性

我国广阔的经济市场为数字经济的发展提供了巨大优势，在数字经济背景下，人们的生产、生活与网络的相关性日益增强，几乎到了无法离开网络的地步。作为一种新型的通用目的技术，数字经济能应用到经济社会的每个行业，渗透于生产生活的每个环节，使得传统经济社会运行模式发生改变。随着数字技术与各行各业融合的步伐逐渐加快，三大产业之间实现数字化已经渐渐成为社会经济发展的大趋势。通过数字经济的高渗透性，产生了许多新兴产业，不断在传统产业中扩散，促进传统产业逐渐转型发展，模糊了我国三次产业的边界，极大促进了传统产业之间的融合以及和新兴产业之间的相互影响。

（三）边际成本递减

数字经济发展过程中的成本来源主要有网络建设以及信息之间的相互传递，而这些成本不会随着用户规模的增大而增加，基础建设对信息可以进行长久持续的传递，而且信息本身具有可复制性的特点，所以从长期来看，边际成本是很小的，同时数字经济发展具有累积增值的特性，边际效益递增的特点就体现出来了。

（四）平台和共享经济

在平台经济中，数字平台充当了连接供应商和消费者的中介角色。这些平台可以是在线市场、应用程序、社交媒体平台或共享服务平台。它们提供了一个交流和交易的场所，使供需双方能够方便地找到彼此并进行交易。

平台经济的一个重要特征是网络效应，即随着平台上的参与者数量增加，平台的价值和吸引力也会增加。这意味着更多的消费者和供应商加入平台，使得更多的商品和服务可用，并促进了更多的交易。这种网络效应可以使平台的规模迅速扩大，并在某些情况下形成垄断地位。

共享经济是平台经济的一个重要应用领域。它基于共享资源、时间和技能的理念，通过数字平台将资源拥有者和资源需求者连接起来。共享经济模式可以使个人和企业将闲置的资源（如住房、汽车、工具等）共享给其他人使用，从而最大限度地利用资源，并获得经济效益。

（五）就业机会的变革

共享经济的发展带来了许多变革，它提供了更多的灵活性和经济效益，使个人和企业能够以更低的成本获得所需的资源和服务。例如，通过共享经济平台，人们可以租用短期住所而无需预订酒店，或者使用共享出行服务而无需购买汽车。

共享经济也改变了就业市场，一方面，一些传统行业的工作岗位可能会因自动化和数字化而减少。例如，在某些城市，出租车行业受到共享出行服务的影响，导致对出租车司机的需求下降。另一方面，共享经济也创造了新的就业机会。例如，共享经济平台需要员工来管理平台、提供客户支持和处理交易事务。此外，共享经济也为一些新兴行业（如共享单车、共享办公空间等）创造了就业机会。

数字经济和平台经济的发展对经济和社会产生了广泛的影响。它们提供了更多的选择和便利，同时也带来了一些挑战，如监管问题、劳动权益保护和隐私问题。因此，政府和利益相关者需要制定相应的政策和规范，以促进平台经济和共享经济的可持续发展，并确保对公平竞争和用户权益的保护。

二、数字经济的属性

"数字经济是新时代发展的重要特征，对实现新时代经济发展，优化经济发展结构具有重要的意义。"[①] 信息通信技术的蓬勃发展带来了快速、复杂、多变的经济社会转型方向、规律、特征、路径和模式的多元化认识，带来了社会各界对数字经济达成共识的挑战。

（一）数字经济是继工业经济后的高级经济阶段

作为人类历史上第三经济形态，数字经济具有鲜明的时代特征，信息的零边际生成成本、复制无差异性、即时传播等特征颠覆了物质、能量要素的独占性、排他性，随之也颠覆了农业经济和工业经济的一些固有经济理念。数字经济与农业经济、工业经济的基本差异在于：从生产要素来看，相对于农业社会的土地和工业社会的资本、能源，数字化的知识和信息上升为关键生产要素；从生产工具来看，传统工业经济中的电动机和制造装备等能量转换工具，被信息所改造为具有感知、传输、处理、执行能力的智能工具，以及智能工具组合而成的智能制造生态系统；从基础设施来看，在数字经济中除了传统的铁路、公路等交通基础设施外，网络基础设施成为经济社会运行不可或缺的重要支撑。

（二）数字经济发展的根本特性——普惠性

数字经济的开放、包容、协作、共享、共赢等特征不断凸显，其共同交集是普惠性，让更多的人受益，确保人人都能从数字经济的发展和带来的机遇中受益。数字经济的充裕性、无所不在的互联性给人类带来的财富和福利的增长及潜力毋庸置疑，更重要的是这些财富和福利的增长将惠及更多的人

---

①刘光妍. 新时代背景下数字经济推动经济发展的几点思考［J］. 商情，2021（17）：23.

群。数字经济借助时空压缩之功，尽可能地兼顾每个人，给每个人的全面发展提供比历史上任何一个时期都要大的自由度。

（三）泛在连接与全面智能化的叠加

伴随着传感、传输、处理、存储等新技术的持续创新和扩散，数字经济已经跨越了信息与通信技术的简单应用、局部融合，正在迈向全面渗透、加速融合、深度集成的新阶段。未来，无所不在的感知需要无所不在的连接，无所不在的连接将带来无所不在的数据，当感知、连接、数据、计算无所不在的时候，就意味着无所不在的智能，产品、装备、生产、服务、管理的智能化迈向新阶段。泛在连接和全面智能化的时代必将到来，泛在互联将使"时间—空间"物理世界、信息空间和"人的网络"三者高度融合，并将带来人类生活、娱乐智能化，催生新的物质世界、精神家园和文明形态。

（四）数字经济发展的独特与普适意义

数字经济发展的中国经验具有独特性，同时又对发展中国家具有普遍的借鉴意义。独特性表现在中国的数字经济发展路径区别于美国、欧洲、日本等发达国家和地区。中国在面向个人的电子商务、移动支付、分享经济等领域有可能率先走到世界的前列，成为带动整个数字经济发展的先遣部队。我们知道，在全球产业竞争的格局中，与传统的工业社会相比，中国数字经济部分领域赶超的进程、动因、路径、模式独特，中国的数字经济发展模式增强了发展中国家的信心，在特定领域发展中国家可以探索具有本国特色的数字经济发展之路。

（五）数字经济彰显劳动者自主性

信息通信技术的普及应用不仅带来了生产效率的提高，也带来了交易效率的提高。从分工的角度看，数字经济发展推动了分工不断深化，超级细化的分工正成为一种现实。数字经济实现超级细分工的基础是交易成本的极大降低和时空距离的极大压缩。在农业经济、工业经济中，不断深化的分工是提高经济效益的根本机制。在数字经济中，超级细分工在进一步提高经济效益的同时，也更加彰显了劳动者的自主性。人的天赋得到进一步的发挥。劳动者自主性的彰显会带来数字经济的组织和形态的深刻变化，超级细分工还将导致组织的去中心化，将孕育数字经济的新经济生态。

（六）数字经济发展加速产业融合

在产业层面上，数字经济将浸润、渗透、弥漫所有产业，产业融合在数字经济中会更深、更广，最终使传统的产业边界逐渐淡化。数字经济对产业渗透与融合是有一定顺序的，这在发展中国家表现得尤为明显，这与一个国家原有的工业体系的发达程度与发育水平相关，也与传统产业对信息及时性、准确性、完整性的需求有关。在中国传统产业信息化的进程中，传媒、零售、通信、批发、物流、金融、制造、能源、农业等产业将逐步迈上数字经济的列车。数字经济对将产业的全面融合带来生产方式的根本改变，工业经济下的产业边界清晰，重视对资源的占有、产业链上的分工，数字经济对产业的全面融合将使"信息密集度"成为产业观测的一个重要标准，产业边界的淡化还会对全球产业分工的格局产生重大影响。

第三节　数字生产力与数字生产关系

一、数字生产力及其发展对策

数字生产力是指人类将数字技术应用于国民经济活动的生产能力，通过数字化生产方式实现经济增长和社会财富创造。这一概念的核心在于将数字技术融入生产体系，从而提升效率、降低成本，推动经济的可持续发展。数字生产力的实现不仅仅是一种技术手段，更是对社会经济模式的转变。通过数字化的手段，人类能够更加灵活地运用资源，实现生产要素的高效配置，为社会创造更多的价值。

（一）数字生产力的构成

数字生产力的构成主要包括数字化的数字劳动者、数字劳动资料和数字劳动对象。其中，大数据、物联网、云计算和人工智能等数字技术充当着重要的推动者，推动了生产制造的智能化发展。数字化的数字劳动者是指通过数字技术进行工作的人员，他们借助高效的信息处理工具提高了工作效率。数字劳动资料包括数字化的信息资源和工具，使得生产过程更加透明和可控。数字劳动对象则是通过数字化技术进行管理和操作的生产要素，如智能工厂中的自动化生产线。

1. 数字劳动者

数字化时代下，数字劳动者的工作模式发生了根本性的变革。首先，数字劳动打破了时空的约束，使得工作与休闲时间的界限变得模糊不清。劳动者们不再被困于传统的工作时间框架，而是可以更加灵活地安排工作和生活。其次，数字劳动者的工作场所也不再受到地理位置的限制，他们可以在任何地方展开工作，这种灵活性改变了传统的工作模式。最重要的是，数字化生产力的崛起改变了就业结构，劳动者与平台商业之间的合作关系逐渐取代了传统的雇佣制度。这种合作关系不仅提供了更多的自主权和灵活性，还催生了新的经济生态系统。劳动力结构也随之呈现出高端化和年轻化的趋势，对专业学习和培训的需求不断增加，以适应新型的生产关系和工作方式。

2. 数字劳动资料

数字生产力的崛起深刻改造了劳动资料的本质。首先，数字化设备如计算机、互联网和机器人等在生产过程中得到广泛应用，使得生产方式发生了质的飞跃。算力成为数字时代的重要组成部分，对生产力产生了深远的影响。半导体技术的创新提升了计算机算力，推动了数字时代的快速发展。其次，数字时代算力的发展丰富了应用场景，推动生产工具进入了新的阶段。数字技术的不断创新使得工业、服务业等各个领域的生产方式发生了翻天覆地的变化，这也意味着企业和个人需要不断升级自己的技能和工具，以适应数字化时代的生产环境。

3. 数字劳动对象

数字时代，劳动对象的范畴得到了显著的扩展，从传统的物质产品扩展至数字化的数据。首先，数据成为新的生产要素和劳动对象，成为推动创新和价值创造的关键因素。数据作为劳动要素，通过加工、处理和分析发挥着创造价值的作用。数字化生产力的崛起推动了数据在各个领域的广泛应用，成为产业链中的关键中间产品。其次，数字生产力的发展改变了人们对劳动对象的认知，数据的收集、分析和利用成为企业和个人成功的关键。数字化时代的劳动对象不再局限于传统的物质产品，而是涵盖了更加广泛的范畴，这为创造新的价值提供了巨大的机遇和挑战。

（二）数字化对生产力的改造方式

数字化正在深刻地改变着现代社会的方方面面，其中最为显著的莫过于对生产力的巨大改造。这一变革的核心在于数据的运用。数据具有非排他性，能够在不同领域之间实现共享，为共享经济和平台经济奠定了坚实的基础。这种趋势引领着企业竞争逐渐从传统的产品、技术和产业链竞争转向了数字化平台生态系统的竞争。

随着时代的发展，现代企业竞争已经经历了从传统范畴的转变，由此衍生出了数字化生态系统的竞争。数字技术和数据要素在这一平台化竞争中扮演着至关重要的角色，它们不仅推动着数据的生成、收集、集成、分析和处理，而且促使了新型的信息载体——数据的流动。数据的流动不仅缓解了信息不对称问题，提高了市场交易效率，同时也推动了全球人才、资本和技术更为便捷的流动。数据的关键生产要素成为数字化转型的推动力，引领着企业朝着数字化的方向发展。

数字化对生产经营、资源配置和生产方式都产生了深远的影响，塑造了新的研发、制造方式和产业组织形态。数字技术广泛推动着生产方式的演变，其核心动力在于推动生产从"标准化"过渡到"个性化定制"，从"集中式"向"分布式"转变。消费者需求推动着企业生产不同的产品，而数字技术则促使生产更加依赖于平台和产业生态。生产过程也由集中化向分布式发展，这一转变有望进一步提高企业的生产能力。

（三）数字生产力促进经济社会的高质量发展

从经济学意义上看，数字经济充分显示了边际成本递减的同时边际效益递增性的经济特性。数字生产力对人类的生产和生活方式产生了深刻影响，成为经济增长新动能。

1. 以数字技术为特征，激发创新驱动新机制

在当今社会，创新被视为一个不断演化的过程，其本质在于重新组合旧有要素，而数字技术正成为这一创新机制的主要推动力。首要的是，数字技术以数据为主要驱动，通过对数据的挖掘、清洗和分析，使其成为创新的重要生产要素。这一趋势不仅为企业提供了更加全面和深入的信息基础，也在更大程度上推动了经济的增长。特别是，数据获取成本的降低以及算法和算力的提高，极大地促进了创新效率的提升，使得创新变得更加快速和高效。

数字技术所带来的创新机制对经济增长产生了深远的影响，为其提供了新的动能。数字化的数据驱动创新不仅使企业更加灵活地应对市场变化，也为新产业的涌现和老产业的转型提供了巨大的机遇。因此，数字技术的持续发展不仅是推动创新的引擎，也是经济发展的重要助推器。这一创新机制在重新定义业务模式和提升竞争力的同时，也为整个社会带来了更多的机遇和可能性。

2. 数字生产力通过数字技术重构生产函数

在当今经济发展的背景下，创新被视为建立新生产函数的关键过程，其

核心在于引入新的生产要素组合，通过创造性破坏旧有生产体系，推动经济系统不断演进。其中，数字生产力作为一种重要的创新形式，以数字技术为核心，通过优化重组原有生产要素，引入数据作为新的生产要素，从而有效提高生产效率。

引入数据作为新的生产要素具有显著的优势，其最大特点在于加强了生产要素之间的协同联动。这种协同程度的提升有助于降低摩擦成本，提高运行效率，使整个生产体系更加灵活而高效。数据不仅仅是简单的生产要素，更是一种促进生产要素协同与联动的催化剂。

在经济增长方面，数据的贡献不可忽视。数据具有非竞争性特征，且不受边际成本递增的影响，因此可以更好地满足异质化需求，促进经济的协同发展。数字生产力的改善不仅表现为整体量的增长，更在于质的提高，为经济提供了全新的增长动力。

数字技术在劳动、资本等生产要素中的赋能作用更是显著。通过数据的引入，数字技术能够推动要素生产率大幅增长，特别是在降低信息不对称性、提高决策科学性和准确度方面发挥了关键作用。这种技术赋能不仅提升了生产效率，也为整个经济系统带来了更多创新的可能性。

数据作为信息的数字化载体还有助于缓解市场失灵，避免了要素配置的盲目性。通过数字化的方式，信息更加透明，市场更加敏捷、高效和柔性。这为经济体系的健康运行提供了更有力的支持，使资源得以更加合理、高效地配置。

3. 数字生产力是效率提升的源泉

现代经济增长理论观点认为，经济增长并非仅仅依赖于要素投入，更关键的是技术进步所带来的生产效率提升以及制度变革引发的资源配置效率提高。其中，数字生产力在经济增长中发挥着至关重要的作用。数字生产力通过技术进步的推动，有效地提高了生产效率，降低了交易中的信息不对称性，从而提升了资源配置效率，成为经济增长的重要"加速器"。

数字生产力的作用主要体现在数字化对信息流与数据流的交织与结合上。通过充分利用移动互联网、物联网、人工智能等技术，促进了数字生产力形成，压缩了信息流通的环节，缩短了信息流通的时间，降低了交易成本，最终提高了流通效率。数字化的应用不仅体现在经济领域，对社会和企业管理也产生了深远的影响。数字化时代的到来促使了数字基础设施的完善，如光纤通信、5G等，加速了信息流通的速度，优化了传统流通网络，形成了强大的互联互通能力。数字化应用也在社会和企业管理方面产生了显著的影响。组织结构逐渐朝着扁平化和网络化的方向发展，数字化的工具和平台使得管理更加高效。这种变革提升了管理能力和效率，使得企业能够更灵活地应对市场变化和挑战。数字化带来的流通效率和管理效率的提升，对整体经济运行效率产生了积极的影响。

4. 数字生产力可以增强我国经济发展的韧性

经济的发展韧性是国家在国际竞争中取得优势，并能够应对各类风险挑战的关键。在这一背景下，数字生产力的崛起成为提升经济韧性的一个重要因素。数字技术不仅可以在有利条件下推动企业的创新发展，更能在逆境中发挥稳定器的作用。数字生产力在逆势不利的情况下，能够帮助企业稳定发展，有效应对经济下行压力，为整个经济系统注入强大的稳定力。

值得注意的是，数字生产力具有网络效应和外部性效应，这为经济的韧性提供了额外的支撑。通过数字化的生产方式，企业更容易实现规模效益和资源的高效配置，从而提高整体经济效益。此外，数字技术的应用促进了区域均衡发展，使得不同地区的经济更加协调和有序。这种区域均衡不仅有助于减缓城市化带来的压力，还能够在整个国家范围内提升整体韧性，降低各类不确定性因素对经济的冲击。

（四）发展数字生产力的建议

1. 制定和实施数字人才战略

在制定和实施数字人才战略时，先要加快数字生产力的发展。特别是在5G/6G、人工智能、新一代集成电路、量子计算等领域，需要深入进行先进技术的研究和开发。这不仅有助于提高我国在这些领域的技术水平，更能在全球范围内占据领先地位。其次，为了推动数字生产力的国际竞争力，必须构建高水平的科研平台。这涉及整合国内外的优势资源，加强高水平大学和科研院所的建设，形成具有国际影响力的科技创新实力。通过这些措施，我国将能够在数字生产力领域抢占制高点,取得更为显著的成就。

2. 提升产业数字化的发展水平

为了提升产业数字化发展水平,必须采取一系列关键措施。首先,推动企业在数字化领域实现数据的开放和共享,确保在安全有序的前提下实现数据的流转和产权的有效保护。同时,需要实现各类数据的标准和接口的互认及互联互通,以促进数字化领域内的协同发展。其次,集中资源发展大数据和云计算,建设产业互联网平台,着力促进中小企业的数字化转型。这包括提供信息资源共享、推动运营模式升级以及增强产业品牌力量等服务。再次,为了引导传统产业迈向数字化、网络化和智能化,需要制定具体的数字化产业政策。通过这些政策的实施,可以推动传统产业提质、增效、升级,从而促进数字生产力的核心和关键发展,使整个产业链更具竞争力。

3. 健全数字治理体系的建设,促进数字生产力的发展

(1) 数字生产力的推动成为促进经济高质量发展的引擎,其中数据的有效利用是关键一环。在这一方面,建立完善的数字监管体系显得尤为迫切,特别要重视跨境流动的敏感数据保护。为了确保数字生产力的可持续发展,必须确保在数据交换、流动、使用的过程中不侵犯用户隐私和泄露敏感数据。这意味着政府和企业需要共同努力,制定合理的数据使用政策,建立健全的数据保护机制,以平衡数字化经济的发展和个人隐私的保护。

(2) 为了维护数字平台企业之间的公平市场竞争秩序,监管机构应采取积极的措施。针对数字平台企业的潜在垄断问题,需要进行有效监管,防止市场集中度过高。反垄断政策的实施旨在保持数字生产力的活力,引导大型平台企业健康发展,同时维护市场公平竞争,激发创新活力。在这一过程中,监管机构需要制定明确的监管标准和操作规范,确保监管措施的有效性,并根据市场变化进行及时调整,以促进数字平台企业市场竞争的公平性和有效性。

(3) 为了促进数据的开放共享,政府需要加大力度,推动数据的无障碍流通。建立一站式平台,提高政府数据的透明度和可访问性。同时,政府各部门应当通过"数据责任清单"等方式,明确数据开放共享的范围和条件,以便更好地引导和规范数据的使用。为了实现数据的有效治理,需要构建多

主体协同治理机制，确保各方分工明确、决策统一、运转有序。这种治理模式的不断调整和改进将有助于更好地应对日益复杂的数字化社会带来的挑战，推动政府治理体系与数字时代的发展相协调。

数字生产力正逐渐崛起，成为经济增长的主导力量。全球范围内，技术革命正在重塑世界格局，经济腾飞的国家都在技术创新过程取得了重大突破。未来，国际竞争的核心将集中在数字生产力的全球话语权和领导权上。为确保我国在这一领域的竞争力，必须积极参与数字生产力国际规则的制定，同时着重保障数据的安全，并推动全球范围内数据的交流、开放和共享。我国的目标应当是培育全球第一大数字经济体，这将使我们在新一轮科技革命与产业变革中引领潮流，提升国际竞争力。因此，制定有力的国际规则对于我国至关重要，不仅有助于确保数字生产力的领导地位，还能在全球范围内促进经济繁荣。通过积极参与国际合作，我国有望成为数字生产力的引领者，为全球经济发展注入新的动力。

二、数字经济对生产关系的作用

我国数字经济的发展不仅需要全面考虑生产力和生产关系，而且需要将技术创新视为其核心驱动力。技术创新的涌现引发了劳动关系、组织方式和市场竞争环境的显著变革，为数字经济的演进提供了坚实基础。在实际生产中，生产、分配、交换和消费密切统一于社会再生产活动，这些环节构成了生产活动的重要组成部分。

随着大数据、云计算、物联网、区块链、人工智能和5G等新兴技术的不断发展，企业能够将虚拟世界与真实世界紧密连接，从而推动生产多样化产品。这些新技术的应用通过精准匹配用户需求，弱化了地域限制，加速了市场一体化的进程，同时也扩大了生产规模。

大数据的运用在识别、选择、过滤、储存和使用方面发挥了关键作用，逐步打破了市场壁垒，促进了资源的优化配置，为经济的高质量发展奠定了基础。通过数字经济的发展，分配作为生产的产物逐渐得以优化，促进了社会的公平，影响了资本的集中，从而直接影响了生产关系的变动。

数字经济的发展综合影响了生产、分配、交换和消费的各个环节，最终推动了我国资源的优化配置，实现了经济的高质量发展。这一发展趋势为我国经济的进步创造了有利条件，为更好地适应全球经济的变革提供了有力支持。在数字化时代，技术的不断创新将继续引领我国数字经济的发展，推动各个领域的转型升级，为未来的经济发展注入新的活力。

（一）数字经济提升了企业的精益化生产水平

随着数字经济的快速发展，企业找到了一种记录簿，这个记录簿不仅记录了它们的精细化发展，还在复杂的市场环境下通过大数据分析纠正决策并协调生产。这标志着数字经济不仅是企业的发展引擎，也是它们适应变化的智慧导航。机器的引入彻底改变了生产方式，从手工作坊的全过程生产转向了机器驱动的明确工人分工，实现了规模经济生产同质产品的目标。第三次工业革命更是推动了规模经济与范围经济的融合，使得企业能够在更广泛的领域生产差异化产品，进一步提高了市场竞争力。数字经济不仅改变了企业的生产方式，还塑造了其经营模式，形成了多元化的盈利方式。工业互联网为社会资本提供了实体经济投资的新途径，同时也促进了小微企业的融资和发展。这使得企业不再局限于传统盈利方式，而是在数字化时代找到了更广泛的商机。在数字产业化和产业数字化的推动下，企业的产出效益得到了显著提高。创新企业和传统企业通过数字化技术提升创新水平，有效应对市场变化。数字化市场供求信息的匹配带来了红利，符合绿色环保和高质量发展的要求，为可持续发展奠定了基础。在我国，数字经济与实体经济的融合主要集中在技术层面，存在着过度依赖消费市场规模的问题。数字经济与实体经济融合不够紧密、充分，成为传统行业转型升级的主要问题。数字经济的潜能尚待充分释放，需要进一步加强技术创新、深化融合，以更好地推动我国经济的可持续增长。

（二）数字经济优化收入分配机制

生产结构与分配结构之间存在密切关系，尤其是在雇佣劳动形式参与生产的背景下。在这种模式下，产品和生产成果的分配方式主要以工资为基础。这表明分配不仅仅是一种结果，更是生产的产物，因为生产结构直接决定了分配结构。在我国这样的社会主义国家，所有制结构扮演了关键角色，直接影响了生产结构和产品分配结构。生产关系，特别是所有制关系，则决定了我国分配关系的基本性质。

数字经济的兴起对所有制产生了深远的影响，推动了生产资料所有制的进一步发展。在创新驱动的背景下，智力股权的融入进一步丰富了所有制经济的形式和内容。政府在数字经济时代扮演着重要的角色，科技创新为创新型企业提供了公平平台，弥补了生产方面的不足。这同时也改变了分配机制，促进了相应的变革。

在数字经济的浪潮中，智力资本的参与变得愈发重要。大数据、云计算、人工智能等技术的应用使得智力资本成为企业不可或缺的资本形式。智力资本参与企业投资，享有经济权利和参与经济利益的分配，为经济体系注入了新的动力。数字经济同时改善了劳动者参与价值分配的条件。依托数据生产要素，使知识与智力参与技术创新活动成为可能。通过根据贡献率进行分配，有望缩小贫富差距，为劳动者参与价值分配创造更为公正的条件。与此同时，数字经济对分配制度产生了深刻的影响，它优化了收入分配机制，激发了劳动者的劳动热情和科研精神。这种变革促进了我国数字经济的进一步发展，对完善分配制度、缩小贫富差距具有重要作用。因此，数字经济不仅仅是经济形态的变革，更是为社会分配制度的完善和发展提供了契机。

（三）数字经济加快促进市场一体化进程

在当代社会，交换是社会经济活动中不可或缺的一环，其范围涵盖了生产要素和产品的相互流通。这种交换的性质受制于社会的生产方式，其中市场经济作为一种显著的社会生产方式，为交换提供了更为自由流转的平台，促使了平均利润的形成。在这个过程中，市场的作用不仅在于调节供求关系，更在于推动着经济体系的稳健运行。

随着社会的不断进步，数字经济的崛起给交换关系带来了翻天覆地的变化。数字经济利用信息技术的不断发展，深刻改变了传统的交换方式，数字产业化和产业数字化成为现代市场关系的推动力。在数字经济的框架下，虚拟空间的出现有效地缩短了交易的距离，为各方参与者提供了高效便捷的交换平台，逐渐取代了传统的交易模式。这种转变不仅提升了交换的效率，同时也拓展了交换的形式和范围，使得市场关系更加多元化，更具灵活性。

数字技术的蓬勃发展不仅影响了数字经济本身，也深刻地改变了其他行业，包括科技和基础设备等领域。这种影响体现在满足人们生活需求的过程中，以及改变人们的生活和消费方式上。数字经济的发展推动了创新，为社会提供了更为便捷和先进的科技产品和服务，从而更好地满足了人们不断提升的生活水平和消费需求。

然而，要保障数字经济的健康发展，政府的干预显得至关重要。政府需要制定相关的法规和制度，为数字经济的发展提供有力的法律保障和规范。同时，良好的市场环境也是确保交换关系正常运行的关键因素，政府在此扮演了引导和监管的重要角色。通过提供合理的政策支持和监管措施，政府能够有效地引导数字经济的发展方向，维护市场的公平竞争和交换关系的稳定性。

（四）数字经济丰富大众的消费内容和消费方式

在经济体系中，生产活动的最终实现与消费活动密不可分，二者相辅相成，构成了一个相互依存的循环。消费的本质在于满足需求，而这种需求的满足又刺激了生产活动的展开。这种互动关系不仅使得经济得以持续运转，同时也催生了新的生产关系，推动了经济的不断演进。在构建新发展格局的过程中，拉动内需被认为是至关重要的一环。

数字经济的兴起为消费活动注入了新的动力，不仅推动了消费内容的多元化，也改变了消费方式的格局。政府在此过程中发挥了引导作用，致力于推动互联网与经济社会的深度融合。数字时代的来临使得消费内容经历了数字化转型，传统行业通过与数字技术的结合创造出新的增长点，实现了产业的升级和优化。在这一变革的浪潮中，服务行业尤其易于与数字化技术相结合。这种结合为高质量发展提供了新的动力，创造了丰富多样的消费选择。服务业在数字时代通过创新和技术驱动，为消费者提供更便捷、高效、个性化的服务，进一步推动了消费活动的升级。

三、数字生产力催生新型数字生产关系

生产力与生产关系的矛盾，是推动人类社会不断发展和前进的根本动力。数字技术的日新月异加速了生产力的革命，新的数字生产力亟待与新的生产关系相匹配。

（一）数字生产力的发展使生产资料的占有更加社会化

随着数字生产力的蓬勃发展，人们对数字生产关系的看法也发生了深刻的变化。这一变革的核心是从传统的所有权观念转变为更强调使用权的理念，从而重新塑造了个体对物质需求的态度。在传统经济模式中，资源所有权被认为是至关重要的，而在数字经济时代，人们更愿意分享资源的部分使用权，以期望获得更大的利益，这导致了产权属性的彻底改变。这一趋势不仅仅影响了所有权观念，也深刻地改变了商品的使用方式。数字化产品更加注重非排他性的共享，强调使用权而非所有权。这意味着人们更加关注使用产品的体验，而非拥有它们的权利。数字生产力的不断推动使得数字产品和服务呈现出虚拟化、共享化、社会化的特性，形成了新的生产关系模式。

数字经济时代，消费者开始转向以社交为目的的消费行为，满足更高层次的精神需求。消费体验也在趋向社交化，数字化推动商品使用和服务体验过程的社会化。数字电商平台的主播通过粉丝经济形成社群内的循环经济，社群规模对分配权的形成产生了深远的影响。

企业也开始将社群视为重要的营销单元，构建经营生态圈，力图在社群内建立竞争优势，这对传统的经销模式产生了冲击。企业通过社群建设形成更紧密的联系，不仅仅提供产品或服务，更关注与消费者之间的互动和关系的建立，从而在市场竞争中脱颖而出。这种以社群为基础的经营模式将社交和经济紧密结合，为企业带来了新的商业机遇，同时对传统商业模式提出了挑战。

（二）数字生产力的发展推动生产关系的虚拟化

在数字化时代的推动下，数字生产力不仅令生产关系发生虚拟化，而且

直接引发了分配关系的虚拟化。这一演变源于企业逐步采用数字技术，以推动虚拟和垄断化的生产关系，逐渐取代了传统的面对面的线下协作方式。企业的转变不仅仅在于生产方式的改变，更在于整体运营的转向。数字化时代推动企业向平台化运营转变，以更好地满足消费者的需求，使雇佣关系逐渐演变为平台与个体之间的协作关系。

生产关系的虚拟化自然而然地导致了分配关系的虚拟化，其中数据成为一个至关重要的生产要素，参与到生产过程中。数字平台企业通过存储和分析海量数据，将其转化为生产资料，从而挖掘出对企业产生剩余价值的潜力。这使得数据不再仅仅是信息的载体，更成为推动企业创新和竞争力的关键因素之一。

随着数据的地位不断提升，它逐渐成为生产要素中的一员，参与到分配的过程中。数据的存储和分析不仅为企业提供了更多的决策依据，也使分配过程更加公平和高效。特别是在平台化运营的模式下，企业与个体之间建立了新的协作关系，这使得数据的参与对于提升劳动者的积极性和获得感具有重要的意义。劳动者不再仅仅是执行者，而是参与到数据生产和分配的过程中，从中获得实际的价值和回报。

随着数字化的深入，数据的确权和分配机制也成为一个亟待解决的问题。构建合理的数据确权和分配机制对于促进数字生产力的发展、建立高标准市场体系具有现实的重要性。在这个过程中，不仅需要制定明确的法律法规来规范数据的产权和使用权，还需要建立高效的监管体系，确保数据的合理分配和利用。只有在确保数据权益清晰、分配公正的基础上，数字生产力才能够真正实现全面发展，为整个社会带来更多的效益。

（三）数字生产力催生新型生产组织方式

我国的工业化发展一直秉持着大规模集群化和标准化生产的原则。然而，在数字生产力的推动下，制造业呈现出了一种新的发展模式，即以龙头企业为协同的大中小企业融通发展的制造业航母编队。这一趋势不仅体现在生产方式的变革上，还表现为技术创新和模式创新逐步演化为平台企业引领众多中小企业发展的生产组织模式。整个产业链形成了一个网络协作式的组织方式，将生产从"大规模标准化的生产"逐渐引向"个性化、定制化和分布式"的方向。

当今经济社会的多变特性，要求企业快速响应并创新发展模式。这种需求催生了一种新的生产组织形式，即平台化的组织方式。技术和模式的创新不仅改变了生产方式，还为企业提供了更灵活、快速的发展模式。平台化的生产组织形式具有扁平化、创新生态化和价值创造多元化等特性，使得企业能够更好地适应市场需求和变化。

平台化的组织形式的一个显著特点是其开放共享的特性，这吸引了更多的企业加入。通过平台，企业能够实现协同发展和共同创造价值。然而，随之而来的问题是监管难题。由于平台的开放性，监管变得更为复杂，可能出现一系列社会经济矛盾。此外，技术垄断和市场壁垒可能导致财富集中，进而加剧社会经济发展的不均衡。平台化组织形式也引发了对数字平台资本的关注。具有垄断性的数字平台资本需要得到有效的管控，法律法规和自律性约束也需要不断完善。这是为了防止对劳动者隐私数据的垄断和滥用，确保数字平台在推动经济发展的同时不损害社会公正和个体权益。因此，对数字平台资本的监管和管理成为平台化生产组织方式中的一项重要任务。在实现创新和高效生产的同时，平衡各方利益，确保社会经济的可持续发展，是当前和未来的重要课题。

第二章　数字经济时代的理论创新

第一节　数字经济与传统经济理论

数字经济时代传统经济理论赖以存在的经济基础受到了数字经济的巨大冲击，数字经济下的许多问题可能无法运用传统的经济理论予以解释，需要对传统的经济理论进行重新审视与不断创新。总体来看，数字经济的发展给传统经济理论带来的冲击体现在对资源稀缺性、信息对称、理性人、完全竞争等基本假设与相关原理的冲击以及对从微观、中观到宏观的基本理论，如消费者理论、生产者理论、产业经济学理论、经济增长与经济周期理论等一些具体领域的进击上。

一、数字经济对经济学基本假设与原理的影响

（一）数字经济对经济学基本假设的冲击

1. 资源稀缺性——从相对稀缺到相对不稀缺

在资源稀缺性方面，传统经济时代的特征主要表现为对自然资源的掠夺性索取，这导致了环境的被破坏和资源的枯竭。这种做法不仅对地球产生了负面影响，而且也使得某些资源变得稀缺，严重制约了经济的可持续发展。随着数字经济时代的到来，资源的定义发生了根本性的变化，数据成为关键的资源。尽管数据具有非排他性和再生能力，但其获取和处理仍然需要大量的人力、财力、物力成本。因此，即便是在数字经济时代，知识和高价值信息仍然可能面临稀缺的问题，这使得有效管理和利用这些资源变得尤为关键。

2. 信息完全——从信息不完全到信息相对完全

在经济学的传统范式中，信息完全性被假设为一个理想状态，然而，实

际上，这一假设受到了多重限制。首先，信息分散性导致了市场参与者难以获取全面准确的信息。同时，获取信息的成本也成为制约因素，限制了人们对市场的深入了解。此外，认识水平和个人机会主义也对信息的完整性产生了阻碍。随着数字经济时代的来临，大数据和云计算等技术的广泛应用为克服信息分散性和减少获取成本提供了新的可能性。虽然相对于传统经济时代，数字经济时代能够更迅速，并以更低成本获取市场信息，但人们的知识结构、认识水平和机会主义等因素仍存在，使得信息仅能相对完全，而非绝对完全。

3. 理性经济人——从有限理性到高度理性

传统经济理论构建在一个理性经济人的假设基础上，即在信息完全的情况下，经济人能够追求自身利益最大化。然而，实际研究揭示了一个现实的困境，即信息获取本身也需要付出成本，这使得经济人的理性水平无法达到完全理性的理想状态。随着数字经济时代的兴起，高度互联互通的信息网络为市场参与者提供了更为丰富的信息资源，使他们能够以更低的成本、更及时的方式获取充分的信息。这种情况下，经济人的理性水平趋向于提升，超越了有限理性的制约。然而，即便在数字经济时代，由于个体的知识水平、认知偏差等因素的存在，理性仍然是相对而非绝对的，经济人仍可能受到限制，无法实现完全理性。因此，虽然数字经济时代为理性经济人提供了更为有利的条件，但完全理性仍然是一个理论上的构想，难以在实际中完全实现。

4. 完全竞争——从完全竞争到协作创新

从完全竞争的角度来看，传统经济理论一直假定完全竞争是经济联系的主要方式。竞争被视为推动创新和提高效率的主要动力。然而，随着数字经济时代的兴起，人们的观念发生了转变。数字经济更加强调合作创新，企业不再仅仅通过竞争来获得优势，而是通过与供应商、竞争对手和顾客的协作来实现"双赢"和"多赢"的局面，以提升整体竞争力。这种合作的新模式不仅有助于加速创新过程，还能够满足不同方面的需求，推动产业更加健康和可持续地发展。因此，数字经济时代下，企业间的竞争关系变得更加复杂，强调合作与共赢成为取得成功的关键因素。

（二）数字经济对于经济学的基本原理的挑战

1. 传统经济中的边际效用递减与数字经济中的边际效用递增

在传统经济中，边际效用递减是一种经济学原理，指的是随着同种同质产品的消费增加，个体对该产品的边际效用逐渐降低。这一现象反映了人们在满足基本需求后，对额外产品的需求有逐渐减弱的趋势。此外，重复消费相对简单的产品也会导致效用递减，因为这些产品的边际效用随着时间的推移逐渐降低。

在数字经济时代，边际效用的规律发生了变化。在数字平台或产品的背景下，边际效用呈现递增趋势。随着数字产品规模的增大，外部性带来的消费者效用也随之增加。这一现象源于数字产品的特性，其规模扩大可能引发网络效应和社交效应，从而提高整体的边际效用。同时，随着数据量的递增，信息不对称的问题得以减少，经济主体的边际效用也会相应提高。数字产品质量和性能的不断提升也是边际效用递增的原因之一。

与此同时，数据质量在数字经济中扮演着至关重要的角色。高质量、准确的数据更有价值，因为它们能够为决策提供更可靠的基础。虽然数据量的增加在一定程度上有助于提高信息的全面性，但并不意味着一定会带来递增的效用，关键在于如何筛选高质量信息，确保数据的准确性和可靠性。

在消费者与数字产品互动的过程中，边际效用同样发挥着重要作用。消费者对质量和性能更优的数字产品的消费通常能够实现递增效用。这强调了消费者在数字经济中更加注重产品的质量和性能。此外，满足社会和精神需求也成为影响边际效用的关键因素。在数字产品中，知识与技术含量的提升往往能够带来更大的效用，因为这些产品不仅能够满足物质需求，还能够满足消费者的精神需求。

边际效用递增与递减的关键因素涉及产品的性质，与数字经济的关系相对较小，更关键的是产品的质量和性能，以及其是否能够满足物质或精神需求。同质产品往往呈现递减效用，而异质产品则更容易实现递增效用。在这一过程中，知识与技术含量的关注成为至关重要的因素。简单产品可能导致递减效用，而复杂产品往往能够带来递增的边际效用。因此，在数字经济时代，对产品质量、性能和需求的深刻理解成为实现递增效用的关键。

2. 传统经济中的边际成本递增与数字经济中的边际成本递减

传统经济学和数字经济学在边际成本理论上存在着显著差异。传统经济学认为，随着生产要素的增加，边际成本递增，这意味着在最初阶段，增加生产要素将带来逐渐增加的边际产出。然而，一旦达到最佳的生产要素配比，边际产出递减，即进一步增加生产要素将导致边际产出减少。这一理论在传统制造业和服务业中得到了广泛应用，反映了资源配置的有限性。

与此相反，数字经济学提出了与之不同的观点，即边际成本递减。在数字经济中，基础设施和数据传输成本与用户数量无关。随着数据处理成本的递增，总成本虽然增加，但边际成本逐渐减小，这意味着随着规模的扩大，单位产品的边际成本将下降，为数字经济中的创新和发展创造了更为有利的环境。这一特征使得数字经济中的企业更容易实现规模经济，促进了信息技术的快速发展。

3. 传统经济中的按劳分配与数字经济中的按知识和信息分配

传统经济学主张按劳分配，收入分配与生产要素直接相关。生产要素包括土地、资本、劳动力和企业家才能，而工资、租金和利润等收入主要由个体的劳动和资本贡献来决定。这种模式在工业化时代得到广泛应用，反映了当时生产力和劳动力市场的实际情况。

而数字经济学则推崇按知识和信息分配的理念。在数字经济中，数据成为关键的生产要素，知识密集型产业逐渐占据更多附加值。因此，收入和社会财富的分配更多以知识和信息为标准。数字经济时代，知识拥有者和具备数字技能的工人逐渐成为社会经济中的得益者，其收入水平相对较高。这种新的分配方式反映了信息技术和创新对经济结构和社会层次的深刻影响，推动着从传统制造业向数字化、智能化方向的转变。数字经济时代的分配方式更加注重对知识和技能的重视，为人才和创新提供了更多发展机会。

4. 传统经济中的正反馈与数字经济中的正反馈

在传统经济体系中，正反馈主要源自供应方或生产商的规模经济效应。大公司能够以更低的成本生产商品或提供服务，而企业集聚则导致效益进一步提高。这种正反馈在经济的早期阶段是一个普遍现象，但随着企业达到规模经济的顶峰，负反馈开始发挥引导作用。

数字经济时代下，正反馈更多地来自需求方的规模经济效应，即消费者数量的增加将提高产品的整体效用。与传统经济理论不同的是，数字经济条件下，企业和个人通过技术和数据实现了快速创新，不再需要达到一定规模上限才能享受规模经济的优势。尽管这些新型企业和个体规模相对较小，但它们的创新和竞争力却常常超越传统大企业。

在数字经济时代，劳动力和资本规模的扩大逐渐被知识和信息的规模经济所取代。正反馈使得供给和需求之间形成相互促进的正向循环，从而推动整个经济体系的发展。数字经济的特点是，通过信息和知识的传播，双方能够更好地协同合作，供给和需求的增加相互促进，形成了一个良性循环。

5. 传统经济中的市场均衡与数字经济中的反均衡

（1）数字经济的外部性。在数字经济的复杂网络中，外部性在其核心机制中扮演着重要角色，其中最显著的表现是网络效应。这一现象揭示了商品价值与用户规模息息相关，用户间的相互影响产生了复杂而强大的效应。在这个背景下，正的外部性成为一种引人注目的现象，当消费者因其他用户的增多而免费享受商品效用的增加。这种现象既体现了数字经济中的互联互通，也为用户创造了附加价值。

尽管正的外部性带来了消费者的福利提升，网络外部性却可能对市场效率造成破坏，呈现出两种不容忽视的情况。首先，实际产出可能小于有效产出，这是因为消费者未支付由外部性增益引起的额外报酬，从而导致市场处于一种失衡状态。这种失衡可能导致资源配置不当，产生市场运作的亚优化。其次，次优技术可能占据市场主导地位，即使是更优越的产品已经问世。路径依赖和锁定效应使得消费者难以转换，从而导致市场竞争机制失效，长期内难以实现市场的最优配置。

网络外部性的负面影响表现得尤为突出，因为它不仅仅是一种市场失衡，更可能成为市场进步的拦路虎。在这种情况下，社会经济系统需要认真考虑如何引导市场回归到更加有效的状态。解决这个问题的关键在于制定合理的市场规则和政策，以平衡正的外部性的积极影响与负的外部性可能带来的市场扭曲。只有通过科学合理的干预手段，数字经济才能够实现更为健康和持续的发展，确保市场的公正运作，从而使外部性成为推动数字经济蓬勃发展的有益因素。

（2）传统经济下的负反馈与数字经济下的正反馈。在传统经济中，负反馈机制是市场维持供求平衡的关键。首先，价格调节机制发挥着重要作用，随着产品供应的增加，价格相应下降，而需求的增加会导致产量的减少，最终实现供求相等。这种通过价格调整来平衡市场的方式构成了传统经济下的负反馈机制。其次，市场供求均衡是传统经济中的另一个关键点，通过价格的升降，市场得以保持供求平衡，确保资源的有效配置。

在数字经济中，正反馈机制占据主导地位，与传统经济中的负反馈机制形成了鲜明的对比。首先，数字经济中的正反馈基于需求方，而不是供应方。用户需求的增加会引发正反馈，推动市场进一步发展。其次，数字平台的影响愈发显著，市场占有率的增加会提高用户信心，从而进一步扩大市场份额，形成马太效应和垄断现象。反之亦然，一旦市场份额下降，可能导致进一步的衰退，形成负循环。

数字经济中的供求关系呈现出独特的特点。首先，厂商规模与用户数量正相关，市场上的产量在临界点以上，规模越大，吸引的用户数量就越多。其次，竞争力导致超额利润。厂商竞争力越强，规模越大，用户愿意支付的价格也越高，从而促进厂商增加产量，获得超额利润，实现爆炸式增长。然而，这也导致了矛盾的成本与价格关系，厂商边际成本与消费者支付价格之间存在矛盾，使得供给曲线和需求曲线无法交汇，难以找到均衡点。最终，数字经济中的市场常常偏离均衡点，产量与需求之间出现偏差，供求曲线不相交，难以实现供求均衡。

二、数字经济对宏观经济理论的影响

（一）数字经济对传统经济周期理论的影响

传统的经济周期理论认为，在市场经济条件下经济周期一般都要经历繁荣、衰退、萧条、复苏四个阶段，而且这些现象会循环往复出现。随着发达国家在政治、经济、技术等领域出现的一系列新变化，各国宏观经济政策和反危机措施也出现了较大的调整，又出现了衰退与高涨交替的简化经济周期。到了 20 世纪 90 年代，随着数字经济的兴起，各种数字技术创新突飞猛进，产品升级换代日新月异，使得经济发展过程中一旦衰退苗头出现，就会被新的产品创新与技术升级活动拉起，整个经济周期不会出现大起大落，而只是微小波动，甚至可呈现出持续的繁荣景象。

（二）数字经济对传统经济增长理论的影响

在传统经济增长理论中，一般将经济增长因素分为土地、资本等生产要素的投入和技术进步或全要素生产率两类，侧重于研究生产要素投入对经济增长的影响，而其中不能被解释的部分，则归为全要素生产率的贡献。在数字经济条件下，反映信息网络扩张效应的"梅特卡夫法则"显示其对经济系统的外溢效应明显，另外，数字平台的正反馈机制与正外部性、几乎低至零的边际成本、边际报酬递增、数字技术创新的深化均构成经济增长新的动力，与传统的经济增长理论有很大的不同。

（三）数字经济对传统收入分配理论的影响

数字经济属于创新型经济，数字经济下国民收入增长的渠道、来源和方式更加多元，收入增长的规模更大、速度更快，但由于数字经济与传统经济相比，生产要素发生了变化，所以数字经济下的收入分配更多地由传统经济下的按劳分配、按资分配，变化为现在的按富含信息和知识的数据要素分配、按数字技术分配、按管理分配。与此同时，在收入分配过程中，那些具有数字技能、拥有丰富管理经验、拥有丰富知识的专业技术人员、管理人员及知识工作者的收入将快速提高，数字经济下不同人群、不同行业、不同地域之间的收入分配差距可能会不断加大，所以才有必要缩小数字鸿沟，提升全民的数字经济素养。

由此可见，数字经济的不断发展，其不仅对人们的生产、生活方式产生着深刻的影响，也在一定程度上对传统经济理论造成了冲击，所以有必要进一步完善数字经济的相关理论，以便更好分析、解决数字经济下出现的新问题。

三、数字经济对微观经济理论的影响

（一）数字经济下消费者行为的变化

数字经济下，消费者行为发生了深刻的变化。在传统经济中，生产决定消费，但在数字经济时代，消费者通过数字平台可以迅速参与产品全过程，实现快速消费。数字技术的进步为消费者提供了个性化定制产品的机会，他们能够在数字平台上提出对厂商产品的修改建议，从而由传统的产品消费者转变为产品的产销者。

（二）数字产品不能全按照边际成本定价

在传统经济体系下，企业往往受制于规模经济的难以持续性，通常会采用按边际成本定价的策略，这种定价方法在数字经济时代显得力不从心。数字产品的特性使其呈现出高固定成本和低边际成本的趋势，这让简单按边际成本定价的模式不再适用。因此，企业在数字经济时代必须重新审视其定价策略，以更好地适应数字产品的生产和销售模式。

数字产品的定价受多方面因素的影响，其中包括产品自身的价值、生产成本以及市场供求等。企业可以考虑采用按边际收益和平均成本相等的方式进行定价，这与传统产品有相似的影响因素。然而，由于数字产品通常是知识和技术密集型的，企业在定价时还需考虑研发风险、产品生命周期、长尾特性、营销方式以及消费者偏好等复杂因素，这使得数字经济时代的定价决策更具综合性和策略性。

由于数字产品的消费者主观偏好存在较大差异，这些产品还具有较大的网络外部性。不同消费者对同一产品愿意支付的最高价格存在显著差异，因此企业需要制定差别化的定价策略。在制定这些策略时，企业应当考虑其市场占有策略、长期发展目标以及风险承受能力。数字经济时代的企业不仅需要灵活应对市场需求的变化，还需要在定价规则中融入更多的战略性思考，以确保其在竞争激烈的数字市场中取得长期的成功。因此，数字经济时代的产品定价策略应该更加注重企业的整体市场定位和长远发展目标。

（三）数字经济下边际分析与均衡理论不完全适用

在数字经济背景下，边际分析与均衡理论面临着一系列挑战。在传统经济中，均衡点是在边际效用和边际成本等于产品价格时实现的，实现了利润和效用的最大化。然而，在数字经济中，由于数字产品的协同价值，均衡点不再仅有一个。消费者规模扩大使得他们愿意支付更高价格，而厂商的边际成本趋向降低，导致无法通过边际收益与边际成本相等来找到唯一的均衡点。此外，数字经济的规模经济影响也对边际分析与均衡理论提出挑战。随着数字产品用户规模的扩大，厂商能够实现更高的规模经济，进一步削减边际成本，这使得传统的均衡理论不再完全适用。

（四）数字经济下交易成本大幅降低

数字经济带来的重要变革之一是交易成本的大幅降低。首先，数字技术的飞速发展突破了时空限制，有效降低了市场主体信息不对称的问题，从而提高了社会资源配置的效率。这种突破使得交易变得更加透明，市场参与者能够更准确地了解市场情况，从而减少了信息不对称所带来的风险。其次，在数字技术的支持下，信息流、实物流、资金流实现了低成本、高效率的交易。全球范围内的交易不再受制于时差和地域，24 小时无障碍的全球交易成为可能。这不仅推动了国际贸易的发展，也促使了全球市场的深度融合，为经济全球化提供了更为有力的支持。

（五）数字经济下企业管理理论大幅变化

数字经济强调企业间的合作，企业经营思想由竞争向合作竞争的方向发展。数字技术的普及使得企业能够更加方便地进行信息共享和合作，形成产业生态圈，共同推动整个产业的创新和发展。数字技术的便利使得信息获取变得更加迅速和准确，从而减少了企业中间层级的存在。企业组织结构由传统的科层级向更加灵活的网络化管理组织转变，加速了决策的执行和反馈的迅速传递。数字经济的发展使得沟通渠道更加畅通，企业高层管理人员能够直接与员工进行对话。这种直接沟通的模式不仅有助于提高组织的凝聚力，也促使了企业营销方式的转变，从传统的分销体系向更为精准的大数据营销转变。这种转变使得企业能够更好地理解和满足消费者需求，提高了市场竞争力。

四、数字经济对产业组织理论的挑战

（一）制造业效率高于服务业不再成立

在传统服务业领域，如教育、医疗、餐饮和娱乐等，服务过程通常要求在服务的创造和消费之间实现同地同步。这种类型的服务不具备跨时间储存的能力，也不适于远距离跨区域交易。由于存在这些限制，传统服务业不仅受到时空限制的较大制约，还无法借助高效率的先进设备，难以实现规模经济效应。因此，服务业的劳动生产率远低于制造业的生产效率，并长期保持在相对较低的水平。

在数字经济的背景下，数字技术不仅改变了服务的提供方式，甚至影响了服务的性质。在传统经济模式下，像观看电影、参加音乐会等"乐"文化消费常被视为中高收入阶层的奢侈行为。在数字经济时代，特别是随着短视频平台的兴起，中低收入消费者也能以低成本产生大量的娱乐消费。

数字经济时代，各种形式的娱乐方式（如文字、语音信息和视频节目等），丰富多样，激发了大量的需求。关键是这些娱乐产品的创新可以以极低的成本被无限制地复制，效益随之递增，几乎没有限制。这种规模经济效应显著，生产率也得到显著提高。

通过运用数字技术手段，传统服务领域（例如医疗和教育等）以往必须以面对面的方式提供低生产率服务，现在得以转变为在线视频会议、远程教育和医疗等高效率服务。这些服务可以大规模、跨时间、远距离甚至跨国提供，其效率甚至超越了任何制造业产品。

（二）传统的垄断原则不再适用于数字经济

虽然传统经济中先进入市场者达到规模经济，可抑制其他潜在成本低的成员进入，造成一定的垄断，但传统经济中的垄断没有数字经济下的垄断波及范围广。

自 20 世纪 90 年代开始,随着互联网、大数据中心等这些具有自然垄断特征的数字基础设施类产业的迅猛发展,其他依存于这些基础设施提供增值服务的竞争行为、盈利模式等成为研究的核心问题。不同于之前传统物理基础设施网络如电信、铁路等封闭性的网络,由于互联网等数字基础设施是开放性的,依托数字基础设施的数字经济体或网络平台会随着规模的扩大和用户的增多不断增值。

某一平台的用户越多,商业机会越多,使用的人就会不断增多,成本就会越来越低,平台收益自然会不断增加。平台形成一定规模后,就会凸显出巨大的规模经济优势,后来者就算比其做得更好,巨大的一次性固定成本以及数字产品的路径依赖与锁定效应存在,导致的较大获客成本①,与先加入者几乎为零的边际成本相比也会相形见绌,很难进入同样的市场,导致最先进入市场的先驱者,抓住市场机遇,利用先发优势,不断拓展用户规模,其市场占有率也越来越大,潜在加入者与在位的成功企业相比进入市场的难度却越来越大,这使得整个市场竞争结果更倾向于一家或少数几家企业主宰市场,形成寡头垄断。

数字平台在需求方规模经济、路径依赖、锁定与正反馈的作用机制下,聚集的用户规模越来越大,最终必然产生巨型平台,进而形成垄断。但由于数字经济下垄断表现为竞争与垄断同时存在的特征,平台之间一定存在更大的竞争。例如,消费者可以在多个不同的数字平台跨境消费,也可以通过不同的搜索引擎搜寻信息。虽然短期内,在激烈的竞争中胜者垄断全局,输者退出市场,在长期高利润的引诱下,存在着更大的竞争,包括在位垄断厂商的技术升级换代与潜在进入者的技术创新的竞争。

数字经济下垄断越突出,竞争就越激烈,在竞争与垄断此消彼长的作用下,实现技术的不断进步与创新。所以与传统经济下垄断消除竞争与阻碍技术进步不同,数字经济下的垄断会激化竞争,并在更激烈竞争作用下促进技术的不断进步与创新,所以传统工业经济下的反垄断原则就不完全适用于数字经济下的垄断治理了。

---

①获客成本是指获得、获取付费客户的成本。

第二节　数字经济的基础产业

一、电子商务产业

（一）电子商务产业的组成与特征

电子商务是一种通过现代信息技术进行的商业交易活动，主要通过网络和计算机通信技术实现。其过程包括线上的信息收集、沟通、签约、交易等步骤，使得传统货物和服务交易实现电子化。不仅如此，电子商务还涵盖制造业、运输业、信息业等多个领域，形成了庞大而复杂的产业集群。

1. 电子商务的组成

电子商务是通过现代信息技术和数字技术对企业活动进行优化的过程。这一过程涵盖了商城、消费者、产品和物流4个要素，形成了一个全面的商业生态系统。其中，电子商务包括买卖、合作、服务三个关键环节，构建了一个完整的商业交互体系。在买卖环节，电子商务通过购物平台为消费者和商家提供电子交易平台，促进了高效的商品交流和交易。在合作环节，建立了关键的商家、物流和平台之间的合作关系，使整个商业链更加紧密和协同。而在服务环节，电子商务涵盖了售前、售中和售后服务，为消费者提供了更全面、更便捷的购物体验。

电子商务所涵盖的4方面关系进一步丰富了这一商业生态系统，其中包括交易平台、平台经营者、站内经营者和支付系统。交易平台作为连接消费者和商家的桥梁，提供了一个公平、安全的交易环境。平台经营者负责维护和优化整个平台的运营，确保其正常稳定地运作。站内经营者通过在平台上开展业务，参与到电子商务的各个环节中。支付系统则是电子商务中不可或缺的一环，为交易提供了便捷、安全的支付手段。

电子商务不仅仅是简单的电子化交易，更形成了庞大的新产业环境。这个环境涉及银行、物流、软件、担保、电信等多个行业，通过互联网实现资源共享和优势互补。这种有机的系统性产业使电子商务从产品信息搜集到物流再到在线支付形成了一个完整的产业链。这个链条不仅仅是商品的流通，更是涉及服务、技术、金融等多个层面的复杂交互。电子商务已经不再是一个孤立的商业模式，而是演变成一个庞大的商业生态系统，为各个行业带来了前所未有的创新和发展机遇。

2. 电子商务的特征

电子商务是现代服务业的重要组成部分，具有高人力资本、高技术和高附加值的"三高"特征，使其成为朝阳产业的代表。电子商务具备"三新"特征，即新技术、新业态和新方式，被誉为"朝阳产业"和"绿色产业"的代表。这一特征意味着电子商务的发展不仅依赖于现代技术的推动，还依赖于其创新性的商业模式和运作方式。电子商务还具有广泛的沟通机制，通过网络工具创造了无形市场，打破了时间和空间的限制，为企业提供了广泛的潜在商机。这种广泛的沟通机制不仅促进了企业间的合作，也为市场提供了更加广泛的选择空间。电子商务的信息具有及时性、完备性和动态更新的特征，使企业发布的信息能够实时传递，供求信息不断更新，从而形成了全球统一的市场。这种信息的特征使企业更为全面和实时的了解市场，有助企业更好地调整经营策略和适应市场变化。

（二）电子商务产业的发展

电子商务是随着计算机技术以及信息技术的发展而发展的，自计算机技术及信息技术诞生之初，世界各国就重视其在商务中的应用。电子计算机普及率的迅速提高以及互联网的高速发展，使以互联网为基础的电子信息基础设施成为现代信息传播的主要手段，电子商务产业开始形成。

如今，随着云计算、物联网、大数据技术的日渐成熟和广泛应用，电子商务产业发生了多方面的变化。

1. 电子商务受物联网影响而产生的变化

（1）产品的质量监控得到完善。借助条码技术、二维码技术、射频识别（radio frequeng identification，RFID）等，人们可以对产品生产、运输、存储、销售的全过程进行监控。进入生产阶段后，投入生产的原材料就要嵌入电子产品编码（electronic product code，EPC）标签，产品投入市场成为消费品，EPC 标签一直存在，并将记录下产品生产、运输、存储、销售的全过程的所有信息。如此，消费者购物时，只需查询 EPC 标签即可知道商品的所有信息，从而实现对产品质量的全面监控。

（2）改善供应管理，物联网主要影响供应链的制造环节、仓储环节、运输环节和销售环节，提升企业和整个供应链对复杂多变的市场的反应能力，加快反应速度。

（3）提升物流服务质量，利用物联网的感应、辨析、互联的技术，实现对查询和实时的追踪监控。物联网对物流的主要影响：实现自动化管理即获取实时数据、自动分拣等，提高作业效率，改变仓储状况；降低仓储成本；提高服务质量，优化整合供应链各个环节；促进物流信息化等。

2. 电子商务受大数据的影响而产生变化

（1）实现渠道优化。大数据的本质就是从海量的数据中分析出全面有效的信息，大数据使电商企业能寻找更多的目标客户，优化营销渠道资源的投放量。

（2）精准营销信息推送。从海量数据中分析出目标客户更多的信息，包括年龄、性别、偏好等，就可以向目标客户发送其感兴趣的营销信息。

（3）连接线上、线下营销。电商企业可以通过互联网在线上将客户需要的信息发送给客户。如客户对产品持怀疑态度，即可联系线下当面交易。

电子商务整合了商务活动中的人流、物流、资金流、信息流，使四流合一，使电子商务产业更加具有市场全球化、交易连续化、成本低廉化、资源集约化等优势。在现代技术强力推动世界各地区对电子商务产业的重视下，全球电子商务市场高速发展。在我国，电子商务产业受技术、政策等内外因驱动，电子商务市场规模保持快速增长。

二、信息技术产业

（一）信息技术产业的特征与作用

信息技术产业是指运用信息技术对信息进行收集、存储，进而传递，为客户提供信息服务或者信息服务设备的产业。具体来说，信息技术产业可以分为三个更细的行业：信息设备制造业，主要是指电子计算机以及相关硬件耗材的生产行业，也包括软件的开发；信息处理和服务行业，主要是指运用计算机进行信息收集、存储和加工服务，最典型就是信息咨询公司；信息传播行业，如传媒、出版、印刷、广告等行业。

1. 信息技术产业的特征

信息技术产业作为一个综合性的信息产业，已经广泛渗透于社会经济活动的各个模块。在当代，现代信息技术在不同产业中的应用呈现多样性，涵盖了计算机辅助设计（computer aided design，CAD）、快速成型、自动化生产、智能化仓储管理、数字化营销等领域。这些应用不仅在各个产业中展现了多元化的面貌，同时也为市场带来了丰富的新价值。

各产业的市场价值和产出逐渐成为信息技术和信息劳动价值的体现，现代信息技术和知识信息在其中发挥着越来越关键的作用。基于现代科学理论和电子信息技术，信息技术产业对国民经济的增长率和结构具有重大意义，推动着整个国家走向更为先进的生产方式。

信息技术产业不仅提升了经济信息的传递速度，使其更加及时、可靠和全面，而且显著提高了各产业的劳动生产率。通过技术的应用，各个产业能够更高效地进行生产和管理，从而推动整体经济的稳步增长。同时，信息技术产业的发展也加速了科学技术的传播速度，有效地缩短了科技从发明到应用于生产实践的距离，为创新注入了更为迅速的动力。

发展信息技术产业不仅使得经济信息更加高效地流动，同时也促进了知识密集型、智力密集型和技术密集型产业的发展。这种发展助力于国民经济结构的改善，使得整体产业布局更趋向于高附加值和高科技含量。信息技术产业的兴起推动着国家朝着更为现代化和智能化的方向迈进，为国民经济的发展注入新的动力和活力。

2. 信息技术产业的作用

随着世界科学技术的快速发展和产业结构的不断升级，现代信息技术产业逐渐成为全球经济及各国国民经济中至关重要的基础性和支柱性产业。其主要业务涵盖搜集、整理、存储、生产以及销售信息服务商品，同时提供与信息服务相关的设备。这一产业的崛起不仅反映了科技的巨大进步，也为世界各地的经济体系注入了新的动力。信息技术产业的角色逐渐由辅助性质演变为推动经济创新和增长的关键力量,为社会各领域的发展提供了强大支持。

(1)信息作为经济基础资源的重要性。信息技术的蓬勃发展显著降低了信息处理设备的成本,推动了计算机网络、光纤等基础设施的迅速建设。这一发展使得现代信息服务企业能够通过搜集、整理、存储和分析大量信息,成为海量信息源的主要提供者。专家、学者和政府得以更有效地获取信息,从而提高科研和决策的效率,使信息资源成为物质生产力和社会财富的重要源泉。

(2)信息技术产业推动社会经济转变。信息技术产业的不断扩大使其成为基础商品和服务领域的主要增长点。信息商品和处理成为扩展商品和服务生产领域的关键因素,显著提高了社会财富的生产效率。信息技术产业的发展不仅推动了国民经济的增长,而且促使社会经济朝着信息化、数字化的方向迅速发展。

(3)信息促使全球联结。信息被认为是全球共同的"语言",推动着世界各地从事与信息相关工作的人数不断增加。信息技术产业规模的扩大使其成为容纳就业人数最多的产业部门之一,同时也是国民经济中增长最为迅速的产业。这一全球性的联结在信息技术产业的快速发展中得以体现,为全球经济发展带来新的动力。

(4)信息技术产业的未来潜在效益。信息技术被认为是未来经济中最具潜在效益的产业之一,不仅为可以其他产业提供潜在市场,而且带动了相关产业的发展。信息技术产业具有知识密集、智力密集、高投入、高增值、高增长、高就业、省能源、省资源的综合性特点,为经济的可持续发展提供了有力支持。其广泛的潜在效益使其成为当今经济体系中不可或缺的重要组成部分。

(二)信息技术产业的发展

在人类社会的发展过程中,信息的传递方式经历了多个阶段的演变。起初,人们依赖手势和眼神进行信息传递,而后以"结绳"记事。语言的形成使信息交流得以迅速发展,而文字的出现更是为人类文明带来了深刻变革。

最初的文字主要以甲骨、竹简和衣帛为载体，由于信息传播受到载体制约，导致传播范围有限，信息业规模较小。信息技术产业真正取得关键性突破是在造纸术和印刷术的发明与应用阶段。这两项技术的出现彻底解决了信息的大批量复制和传播困难问题，推动了信息技术产业的形成和发展。从造纸术和印刷术的运用开始，信息技术产业经历了多个发展阶段，从而对人类文明的进步产生深远而关键的影响。

1. 传统信息产业时代

传统信息产业时代主要是指出版业逐渐兴盛的时代，图书出版逐步普及，最早开始于16世纪中叶活字印刷术的发明。传统信息产业主要包括印刷业、造纸业、图书发行出版业等。造纸术和印刷术是这一时代的主要信息技术，一出现就为出版业和信息业带来了巨大的影响。我国的图书出版业最早出现在西汉末年，无疑是奠基于造纸术之上的。传统信息产业时代信息产业规模小，信息生产效率低。

2. 大众媒介传播时代

大众媒介传播时代是书报出版业出现之后信息产业的大爆发时代，时间跨度是从16世纪中后期到19世纪中期。西方工业革命的成功和科学技术的不断迭代创新，以及政治民主体制的普及，人们对信息和知识的需求量猛增。在图书出版业发展的基础上，报纸杂志开始大量出现，促进了大众传播时代的到来。大众媒介传播时代的特点有：以前的图书出版业不断扩大，现代造纸术和印刷术不断改良和发展，报纸成为影响力最大的媒介。人人都可以从书报上获取自己所需的信息，大众媒介传播时代到来。

3. 现代信息产业时代

19世纪40年代之后，电报发明并得到广泛应用，预示着人类社会进入现代信息产业时代。在此之前的信息传递载体是文字符号和纸质等物理介质，之后电信号成为信息传递的主要载体。这一阶段的信息技术产业发展迅猛，推动了经济的发展。电话的发明，广播的出现，都让信息技术产业不断蜕变和拓展。这一时期的图书出版业、造纸业、印刷业以及大众传播业依然存在并扩展，广播电视则后来居上，成为信息技术产业的中流砥柱。

4. 以计算机和互联网为中心的时代

20世纪50年代之后，信息技术产业又有一次重大变革，其标志就是计算机的发明。计算机的出现为信息技术产业带来了新的增长点，于是通信技术、计算机技术、互联网技术相互融合，共同催生了数字经济时代。人类社会开始进入数字化生存的时代。这一时期的信息技术产业具有了全新的内涵。数字技术的出现对传统的广播电视行业进行了全面升级改造，信息技术产业规模不断扩大，成为国民经济的中坚产业。

全球社会正经历着前所未有的迅速、广泛、深刻的变革。这一变革使得国际综合国力竞争焦点集中在信息技术、信息化水平和信息产业的发展上。信息化对人类社会进步和经济发展产生了深远的影响，成为发达国家和发展中国家社会经济发展的国家战略任务。作为重要的生产力，信息化包括信息数字化、存储、网络传递与共享等方面，推动着社会向更加数字化、智能化的方向发展。这一趋势不仅对个体、企业和国家的生产力和创新能力提出了新的要求，也使得信息安全、隐私保护等问题成为全球社会关注的焦点。

第三节　数字经济理论及运行机理

一、数字经济的相关理论

20 世纪 90 年代以来，数字经济与传统农业和工业经济的最主要区别在于关键生产要素的本质差异。在传统经济下，生产要素通常是不可复制、独立的，而数字经济的关键生产要素数据则具有可重复、可复制、可多人同时使用的特性。这一特性使得数字经济在生产、交流和利用信息方面具备前所未有的灵活性和效率。数字经济的基本规律和相关理论与传统农业和工业经济存在较大差异，主要体现在关键生产要素的特性上。

（一）网络互动与梅特卡夫法则

梅特卡夫法则，又称梅特卡夫定律，是一条描述网络效应的经验法则，由美国计算机科学家罗伯特·梅特卡夫提出。该法则的核心原理是网络的价值与连接的节点数量成正比，而且随着参与用户数量的指数级增长，网络的价值呈现出迅猛的增长趋势。

在数字经济的背景下，梅特卡夫法则得以广泛应用。数字技术基础上的互联平台改变了数据传播模式，由传统的一对一和一对多转变为数字平台上的多对多传播。这种变革使得网络的价值随着用户和设备的接入数量的增加而呈指数型增长。数字经济发展的背后，正是这种网络效应的驱动。

数字平台的价值增长机制在于用户和设备的不断接入。随着越来越多的用户和设备加入数字平台，其经济价值呈现出指数型的增长趋势。这种增长的推动力主要来自数字经济的正外部性，即一个个体的行为对其他个体产生积极的影响，从而形成了一个良性循环。

数字经济下的价值螺旋增长进一步阐释了梅特卡夫法则的应用。随着更多的人与设备接入平台，带来了更多的数据和信息，已接入成员因此获得了更大的价值，这进一步吸引了更多的个体加入，形成了个人、设备与平台之间的价值螺旋式增长。这种增长模式在数字经济中变得尤为显著，呈现出一种良性循环的态势。

边际收益递增原则是梅特卡夫法则的延伸，它强调随着接入成员与设备数量的增加，整个平台价值呈指数增长。平台的价值增长不仅仅是由接入成员与设备个体所创造的，更是由这些个体共享的，从而推动数字经济快速成长。因此，边际收益递增原则进一步加强了梅特卡夫法则在数字经济中的重要性，突显了网络效应对整个数字经济体系的深刻影响。在这一法则的引导下，数字经济以其独特的增长模式和良性循环，助推着全球数字化的蓬勃发展。

（二）数据爆炸式增长与摩尔定律

摩尔定律是一个关于集成电路（芯片）性能提升的经验规律，它表述为：每隔大约18个月，集成电路上可以容纳的晶体管数量将翻倍，从而导致性能的指数级增长。这一定律是由英特尔公司的创始人之一戈登·摩尔提出的，因此被称为摩尔定律。摩尔定律的核心观点是，在相同的芯片尺寸上，晶体管的数量会以指数级增长，从而带来更快、更强大的计算机芯片。

摩尔定律并不是关于数据本身翻倍的理论，而是关于芯片中晶体管数量的增加，从而为数据处理和计算提供更大的能力和更快的速度。随着时间的推移，摩尔定律所描述的晶体管数量翻倍的速度已经开始受到物理限制，近年来芯片制造技术面临着挑战，但这一定律在推动信息技术领域的进步方面仍然具有重要的影响。

数字经济时代具有明显的特征，首先是数字技术的快速发展，包括互联网、大数据、云计算和物联网等，使人类迈入了万物互联的时代。在这个时代，任何行为都成为相关数据，导致数字信息呈爆炸性增长。特别值得注意的是，数字技术的进步速度呈指数变化，符合摩尔预言成为数字经济增长趋势的定律。这一定律的存在意味着数字经济的发展不仅是快速的，而且是指数级的增长，对社会产生深远的影响。

（三）持续性创新与达维多定律

在数字经济时代，数字平台企业以摩尔定律和梅特卡夫法则为动力，不断推动创新，实现了边际成本的降低、数据量和平台价值的增长，从而在竞争激烈的市场中保持了持续增强的竞争力。这一趋势在当前数字化浪潮中表现得尤为突出。

近年来，数字平台企业在全球市值排名中崭露头角，谷歌、亚马逊、苹果等巨头逐渐主导市值榜单，传统企业则面临着领先地位的逐渐失去和商业模式的颠覆性变革。这标志着数字平台的崛起不仅仅是技术和商业模式的变革，更是市场格局的深刻改变。

在数字经济市场竞争格局中，达维多定律的影响愈发显著。具有先发优势的数字平台企业几乎自动获得50%的市场份额，而后来者若采用跟随战略，则势必在规模和利润上远远落后。这不仅呈现了数字经济市场的集中趋势，也强调了市场领导者在创新方面的至关重要性。

达维多定律在数字平台企业中具有指导作用。市场领导者必须持续创新，以适应市场饱和和竞争加剧的变化。对于数字平台企业而言，不进行自主革新将面临被后来者淘汰的风险。这一定律的应用不仅限于企业层面，也在国家层面上体现。在数字经济领域，国家需要通过不断创新来获取更大的规则制定权与控制权，以确保在全球竞争中保持竞争力。

二、数字经济的运行机理

数字经济的运行机理体现在数字技术对经济社会运行成本的降低和效率的提升上。通过数字化，各个领域的运作变得更加高效，节约了大量资源和时间成本。与此同时，数字技术还催生了新产品、新模式和新业态，彻底重塑了传统的经济模式。这种创新不仅推动了经济形态向更细化、低成本、独特的方向演变，也为企业和个人创造了更多的发展机会。数字经济的运行机理不仅仅是简单的技术应用，更是一场全面的社会变革，对经济结构和商业模式都带来了深刻的改变。

（一）数字经济促进经济社会运行成本不断降低

第一，信息获取与管理成本降低。数字技术的崛起对传统农业和工业经济产生了深远影响，改变了不同经济主体获取信息的方式。传统上，获取关键信息常常伴随着昂贵的费用和繁琐的管理成本，然而，随着数字技术的普及，相关信息的获取费用和管理成本得以大幅降低，极大地提高了便利性。这一变革不仅促进了信息的广泛传播，也使企业和个人更加灵活地应对市场变化，从而实现了信息获取与管理的成本效益优势。

第二，资源优化配置成本降低。数字技术的推动使得线上线下、物理世界与虚拟空间实现了互联互通。随着物联网的发展，一切可互联互通，数据在数字平台上自由流动，有效地解决了信息不对称问题。这一趋势使资源的合理匹配与优化配置的成本更低。企业可以更精准地了解市场需求和供应状况，从而更有效地进行资源的调配和配置，降低了资源优化的操作成本。

第三，要素专用性成本降低。在数字经济中，数据成为主要要素，其多人同时使用且反复使用的特性大幅降低了要素专用性成本。相较于传统经济，数字经济明显降低了资本、劳动力、土地等要素的使用门槛和成本限制。这一转变使得企业更容易获取和利用各类资源，提高了经济系统的整体效益，同时也为创新和发展提供了更为灵活的要素环境。

第四，制度性成本降低。政府积极借助数字技术强化电子政府、一站式政府与数字政府建设。通过提供更便捷、有效的手段和途径，数字技术降低了企业和民众办理各种手续的制度性交易成本。这一趋势不仅提升了政府服务的效能，也为企业经营和民众生活创造了更为便利的环境。数字化的制度性成本降低使得社会各界更加愿意积极参与经济活动，推动了整体经济的发展。

（二）数字经济促进经济社会运行效率不断提升

第一，数字技术的崛起催生了市场供需的精准匹配。供应商通过数字技术实时获取需求侧的消费者信息，使市场供需能够迅速而准确地匹配。与此同时，消费者通过数字平台方便快捷地了解到所需商品的相关信息，尤其是个性化定制生产方式的兴起，更是实现了线上线下、物理世界与网络世界的供需精准匹配。数字技术的介入促进了供应商和消费者之间的直接连接，为市场带来了更高效的运作机制。

第二，数字经济的发展推动了专业化分工的日益深化。在数字经济环境下，由于沟通和交流等交易成本的显著降低，传统生产的专业化分工程度逐渐加深。整个价值链上的研发设计、生产制造、营销与售后环节都呈现出更为精细与精准的分工，这不仅提高了分工效率，也加速了产品的推陈出新。数字经济时代，专业化分工成为推动产业升级的重要引擎，为经济的可持续发展提供了坚实基础。

第三，数字经济下不同主体间的协同更加突显，推动了生产效率的全面提升。与传统经济中的竞争关系不同，数字经济形成了企业和数字平台之间相互依存、互利共生的关系。在这一新型合作模式中，不同参与主体共同创造价值、共同分享，协同生产效率得到显著提升。相较于传统的零和博弈，数字经济下的合作性更为凸显，为整个产业链的协同发展带来了新的活力。这种互利共赢的合作模式有助于推动产业的可持续增长，构建起数字经济时代的全新商业生态。

（三）数字经济促进传统经济社会的转型升级

第一，在当前数字经济的潮流下，传统产业正积极进行向数字平台的转型。这种变革呈现出网络化、扁平化与柔性化的组织结构，大型企业通过构建工业互联网平台，实现了数字化转型的升级。这一趋势不仅使企业更加灵活地适应市场需求，而且在全球范围内促进了数字化经济的发展。

第二，随着数字技术的不断创新，新模式和新业态如共享经济、众创、众包、众筹等层出不穷。这些新兴业态具有颠覆传统商业模式的潜力，从而为市场带来了更多可能性。企业需要不断适应这些变化，以确保在竞争激烈的数字时代中保持竞争力，同时也为经济注入新的发展动力。

第三，数字经济的崛起推动了经济模式的深刻变革。数字化知识和信息逐渐成为关键的生产要素，不仅提高了传统产业的生产效率，还有可能颠覆传统经济增长方式。这种转变不仅仅局限于企业层面，更可能引发整个经济社会的转型升级，促使各个领域更好地适应数字化时代的要求。这为社会带来了新的机遇和挑战，需要各方共同努力来把握数字经济发展的机遇。

总之，随着数字经济的快速发展，数字技术、产品和服务正逐渐渗透到生产与生活的方方面面。这不仅为人们带来了便利，同时也催生了新的问题。

在这一趋势下，越来越多的研究者被激发起来，纷纷投入数字经济理论的研究中，努力构建数字经济学的理论体系，以指导实际发展。数字经济的复杂性要求深入的理论研究，为实现可持续发展提供智力支持。因此，推动更多学者参与数字经济的理论探索，不仅有助于解决相关问题，也能为数字经济的未来发展提供坚实的理论基础。

第三章　数字经济时代企业的转型与管理

第一节　数字经济时代企业转型的动力

企业数字化转型指的是基于数字思维的战略思考与创新方法，重新梳理企业的价值提议、商业模式、管理思维、运营流程，为企业创造更强大的竞争力。

"数字经济发展的时代背景下，企业的发展理念、组织结构、运营管理模式都发生了一定的变化。数字化在企业的现代化建设与转型升级中发挥了关键性的作用，企业要紧跟时代发展步伐，与数字化技术紧密融合，面对未来即将到来的机遇与挑战。"[①] 数字化转型是一项复杂的系统工程，它涉及商业模式、产品创新、组织架构、管理方法、流程优化等诸多方面的变革。数字化转型包含战略层、管理层、运营层、技术基础层 4 个层级。数字化转型不是孤立地推进某个系统或是局部的组织调整，而是必须在整个企业的层面，包括流程、技术、人才、组织、文化和制度等方面，都做出有计划的、系统性的重大调整。

在快速变化的市场中竞争发展，如何获得更大的市场份额、更多的盈利以及更广阔的发展前景，是企业不断转型升级的根本动力。在当下的宏观背景下，企业为什么要进行数字化转型，不同的企业可以罗列出很多必须转型的理由，但归结起来无外乎四大类：数字经济大趋势、市场竞争的需要、技术发展的引领和跨行业的共同需求。

---

①郭亚丽. 数字经济背景下企业数字化转型的问题研究［J］. 全国流通经济，2023（07）：76.

一、企业数字化转型是数字经济发展的趋势

随着科技的不断进步和社会的不断发展，企业数字化转型已经成为数字经济发展的大势所趋。数字化转型指的是将传统的业务模式、流程和方法通过引入数字技术进行全面升级和改造，以适应现代数字化社会的需求和趋势。这一转型对于企业来说，不仅仅是一种技术的升级，更是一种战略的调整和文化的变革。

第一，企业数字化转型可以极大地提升生产效率和质量。通过引入先进的数字技术，如人工智能、大数据分析、物联网等，企业可以实现生产过程的智能化和自动化，从而减少人力资源的浪费和生产环节中的错误。同时，数字化转型还可以帮助企业更好地理解市场需求和客户反馈，从而更准确地进行产品定位和市场推广，提高产品质量和用户满意度。

第二，数字化转型可以推动企业创新和发展。在数字化时代，创新是企业保持竞争力的重要因素之一。通过数字化转型，企业可以更好地进行创新实验和快速迭代，从而推出符合市场需求的新产品和服务。此外，数字化转型还可以促进不同企业之间的合作与共享，加速新技术和新理念的传播，从而推动整个行业的创新和发展。

第三，数字化转型也有助于优化企业管理和决策。通过数字化技术的支持，企业可以实时收集和分析大量的数据，从而更准确地了解企业的运营状况和市场趋势。这使得管理层可以做出更有针对性的决策，降低风险，提高效率。同时，数字化转型还可以实现企业内部信息的流通和共享，打破部门之间的信息壁垒，加强协同工作，提升管理效能。

总之，企业数字化转型是适应数字经济发展的必然选择。这一转型不仅可以提升企业的竞争力和创新能力，还可以优化管理和决策，推动整个产业的升级和发展。

二、企业数字化转型是市场竞争的需要

当今商业环境中，企业数字化转型已经成为企业保持竞争力和实现可持续增长的必然趋势。随着科技的迅速发展和全球市场的不断变化，传统的商

业模式和经营方式已经不再适用，企业数字化转型成为市场竞争的迫切需要。

第一，市场需求和客户期望。消费者对于产品和服务的期望不断提高，他们希望更加便捷、个性化、高效的购物和互动体验。通过数字化转型，企业能够更好地满足客户需求，提供个性化的产品和服务，增强客户忠诚度，从而在激烈的市场竞争中脱颖而出。

第二，数据驱动的决策。数字化转型使企业能够收集、分析和利用大量数据，从而更好地了解市场趋势、消费者行为和竞争对手动态。这些数据为企业提供了更准确的商业洞察，帮助其做出更明智的决策，优化运营和资源配置，提高市场敏捷性和反应速度。

第三，创新和增值机会。数字化转型为企业创造了全新的商业机会。通过整合新技术（如人工智能、物联网和区块链等），企业可以开发创新产品、服务和解决方案，实现市场差异化，拓展收入来源，从而在市场中保持竞争优势。

第四，降低成本和提高效率。数字化转型可以优化企业内部流程，减少人力资源和时间的浪费，降低运营成本。自动化和数字化的工作流程能够提高生产效率，减少错误率，提高工作质量，从而提升企业整体运营效率。

第五，灵活性和适应能力。数字化转型使企业更加灵活，能够更迅速地适应市场变化和新兴趋势。通过数字化平台，企业可以更轻松地调整战略、推出新产品、进入新市场，以适应竞争环境的快速变化。

第六，全球化和远程办公。数字化转型使企业能够突破地理限制，实现全球化经营和远程办公。这有助于企业拓展市场，吸引国际客户和合作伙伴，同时也提供了更灵活的工作方式，有助于吸引和保留优秀的人才。

三、企业数字化转型是技术发展的引领

企业数字化转型是在当今技术发展的引领下，实现业务流程、组织架构和价值创造方式全面优化的关键策略。随着信息技术、互联网和人工智能等领域的飞速发展，企业数字化转型已经不再是一个选择，而是一种必然趋势。这种转型涵盖了从传统模式到数字化模式的全面变革，它影响着企业的方方面面，包括运营、管理、销售、客户关系和创新等。

第一，企业数字化转型通过技术发展的引领，使得企业能够更加高效地运营和管理。通过引入智能化的信息系统，企业能够实现数据的实时监控、分析和预测，从而更好地理解市场需求、调整生产计划，并及时做出决策。这种高效的数据驱动方法使得企业能够更好地掌握业务运营的脉搏，从而降低成本、提高生产效率，增强企业的竞争力。

第二，企业数字化转型还可以重新定义客户关系和市场拓展的方式。随着互联网和社交媒体的普及，企业能够更加直接地与客户进行互动，了解他们的需求和反馈。通过数据分析，企业可以更精准地进行市场定位，开展个性化营销，从而提高客户满意度和忠诚度。此外，数字化转型还可以创造全新的商业模式，如共享经济、订阅服务等，进一步扩大市场份额。

第三，企业数字化转型也为创新提供了更加广阔的空间。通过引入人工智能、大数据分析和物联网技术，企业可以更好地识别市场机会，预测趋势，推出创新产品和服务。数字化转型还促进了企业内部的创新文化和知识共享，鼓励员工提出新的想法，并迅速将其付诸实践。这种创新驱动的企业文化有助于保持企业的竞争优势和持续的创新力。

总之，企业要紧跟技术潮流，积极采用先进的数字化技术，不断调整和优化自身的业务模式，以适应不断变化的市场环境，实现可持续的增长和成功。

四、企业数字化转型是跨行业的共同需求

大量跨行业的高层管理者，涉及生产、服务、餐饮、金融、零售、健康领域，不同行业关于数字化转型有着共同的需求。这些高层管理者深刻认识到，随着科技的飞速发展和市场竞争的不断加剧，传统的经营模式已经无法适应当今快速变化的商业环境。因此，无论是生产制造、服务业、餐饮业、金融领域、零售业还是健康领域，数字化转型已成为不可忽视的共同需求。

在生产制造领域，企业正积极寻求采用先进的自动化和智能化技术，以提高生产效率、降低成本，并确保产品质量的一致性。通过数字化的生产过程监控和数据分析，企业能够实时掌握生产情况，及时调整生产计划，以更好地满足市场需求。

服务业也正积极探索数字化转型的途径。随着消费者需求的变化，企业需要更加灵活地提供个性化的服务。数字化转型使得企业能够更好地了解消费者的喜好和行为，从而精准地进行市场定位和推广活动，提升客户满意度和忠诚度。

餐饮业同样也迫切需要数字化转型。移动点餐、在线预订等数字化服务正在逐渐改变消费者的用餐习惯。通过建立数字化的订单处理和配送系统，餐饮企业可以提高订单处理效率，减少排队时间，提供更便捷的用餐体验。

金融领域的数字化转型则侧重于提供更加便捷、安全的金融服务。移动支付、互联网银行等数字化金融工具正在改变人们的支付和理财方式。同时，数字化转型也有助于加强风险管理和客户数据保护，提升金融机构的可持续发展能力。

零售业也不例外，电子商务的崛起使得传统零售商纷纷加快数字化转型的步伐。建立线上销售渠道、实现跨渠道营销、利用大数据分析来预测消费者需求，都成为零售企业数字化转型的重要内容。

在健康领域，数字化转型有助于提升医疗服务的效率和质量。电子病历、远程医疗、智能健康监测等技术的应用，使得医疗机构能够更好地管理患者信息、实现医疗资源的优化配置，提供更加便捷的医疗服务。

综上所述，不同行业对数字化转型的共同需求体现了其在适应市场变化、提升运营效率、优化客户体验等方面的迫切愿望。随着数字技术的进一步发展，企业将继续加大数字化转型的力度，以在竞争激烈的市场中保持竞争优势，实现可持续发展。

第二节　数字经济时代企业转型的模式及保障

一、数字经济时代企业化转型的模式与定律

（一）数字经济时代企业化转型的模式

企业数字化转型是数字技术与企业业务不断融合之后，自然而然出现的一种新的经济现象。因此，一定要清晰地看到这种融合从无到有、从低到高、从被动融合到主动驱动这样一个递进的发展路径，沿着这条路径，可以定义企业数字化转型的 4 种模式，具体如下。

1. 赋能模式

赋能是指利用数字技术为传统生产要素赋予数字能力，从而显著提高生产效率，为企业带来新的价值。数字化赋能是企业数字化转型的最初阶段，也是必不可少的阶段。这里将赋能分为以下 4 类。

（1）设备赋能。赋能即利用数字技术为传统生产要素赋予数字化能力，以实现生产效率的显著提升，并为企业创造新的价值。数字化赋能是企业数字化转型的起始阶段，也是不可或缺的阶段。通过在这个阶段进行实践，企业能够培养数字化文化，增强员工的数字意识和对转型的信心。

（2）产品赋能。通过数字化赋能，产品可以增加许多新的功能，从而提升产品的价值，为用户带来全新的体验，并为企业带来更多的收益。数字化赋能在白色家电行业得到广泛应用，例如，为家用空调安装互联网设备，实现远程控制开关机，在主人下班回家前实现家庭恒温；为冰箱安装数字设备，可以了解冰箱内的存货情况，并及时提醒主人提前购买。同时，数字化赋能的产品为企业的售后服务提供了便利，使企业能够随时了解产品的运行状况，实现预知性的维修和维护。通过对产品进行数字化赋能，不仅为用户和企业带来新的价值，也改变了用户的消费模式和企业的售后服务模式。

（3）员工赋能。通过利用数字技术武装企业员工，可以减轻员工的劳动负担，提高劳动生产效率，同时改变对员工的组织和管理方式。这类似于现

代战争中的单兵作战系统，传统战争中士兵面临的最大问题是在广袤的战场上不知道自己的位置、战友的位置甚至敌人的位置，因此无法实时接收上级指令，战斗力相对较弱。然而，现代化士兵通过装备数字化设备，作为独立的战斗单元，通过卫星通信设备、定位技术和视频技术，能够清晰地知道自己的位置、战友的位置以及敌人的位置，能够随时接收指挥部的指令，并且能够随时呼叫地面和空中的远程炮火支援。数字化赋能不仅极大地强化了单兵的作战能力，而且改变了传统的作战组织方式。

（4）团队赋能。团队赋能是一种利用内部资源和外部支持为团队成员提供所需的能力和资源的过程。通过团队赋能，可以提高团队的绩效和创新能力，增强团队成员的持续学习和发展动力，以实现目标，取得成功。在团队赋能中，关键的因素包括明确的团队目标和职责分工、有效的沟通和协作机制，以及支持团队成员发展和提供资源的领导力。团队成员需要具备相关的知识、技能和能力，以应对复杂的任务和挑战。

团队赋能可以通过多种方式实现。例如，为团队成员提供培训和发展机会，以增强其专业知识和技能；提供必要的资源和技术支持，以支持团队在工作中的需求；激励和鼓励团队成员参与决策和问题解决过程，以提高其参与感和责任感。

2. 优化模式

作为所有智能生命的基本能力，优化体现在孩子知道抄近路、对比选择更大水果、趋利避害等行为中。在企业生产中，富有知识和经验的资深工作者会得到更多重视，他们在工作中习惯于按照经验和套路操作，往往可以获得良好效果。

在数字化时代，应用基于数字模型的优化方法来取代仅基于个人经验的优化是必要的。例如，用"15 克"代替"少许"，用"6 厘米"代替"一巴掌宽"，不仅注重细枝末节的优化效益，还要获得经验无法带来的新效益。

优化普遍存在于企业的生产、经营和管理各个层面，从会议和出差的安排、员工用车的调度，到原材料仓储布局、产品配送方案等。产品生产周期中的每个环节都需要优化，全局层面更需优化。在没有实现数字化的企业中，有些优化仅依靠经验就能在一定程度上完成，而有些则无法实现，这凸显了企业数字化转型必要而迫切的原因。

优化通常侧重于一个或多个业务流程，利用基于数字化建模技术进行流程优化。优化可以在部分流程上展开，也可以在全流程上展开。通过优化，可以达到最佳资源配置，包括人力投入、设备设施使用、原材料、能源和水的消耗等，通常能够达到缩短流程、减少人力、降低能耗和物耗、提升效率等目的。优化已经成为企业降本增效的有力工具。

流程优化通常需要较高的数字化水平、大量的数据积累、强大的建模和算力支持，有时还需要仪器、仪表和传感器等设备来提供实时数据采集。有时甚至需要强大的平台和业务集成能力。例如，在根据市场上产品价格变化优化产品结构时，需要市场信息获取能力、预测分析能力、生产调控能力以及对市场供应的适应能力等。

以一个数字化的炼化企业为例，它已经不仅仅是简单地根据上级指标安排年度和季度生产计划。相反，它根据市场需求和产品价格的变化，通过数学优化模型进行实时预测并及时调整产品结构。当汽油价格高时，增加汽油生产；当柴油价格高时，增加柴油生产；当化工产品价格高时，适度减少汽、柴油产量并增加化工原料生产，形成一个能够灵活动态优化和调整生产供应的"市场—生产"一体化体系。

成功的优化可以带来巨大的经济效益，特别是在物流方面优化效果最为显著。优化通常具有"线状"特征，如离散工业的流水线和装配线、流程工业的某一流程、物流配送和能流配置、野外施工的作业路线等。区域优化和全局优化通常围绕一个业务主线展开。

3. 转型模式

转型是数字化转型的原始形态，使原来"转不动"的传统业务，经过数字化技术的赋能和润滑，实现轻松转身。

转型具有"面状"的特征，通常是覆盖一定范围的一个完整业务单元。这样的完整业务单元使转型具有更高的价值，更容易实现服务化，更容易找到用户并打开新的市场。中国石化的物资采购部门每年有巨额的采购任务，要完成这样的任务就必须拥有最高的效率、最优的价格和最可靠的产品质量。凭借多年的积累，中国石化获得了具有巨大竞争优势的采购能力，即保供能力，这种能力通过电子商务平台的赋能，转换为一种可交付的采购服务能力，使中国石化能够服务其他企业，从而为自己带来新的利润增加值，这就是采购部门这个业务单元的数字化转型。

4. 再造模式

再造是数字化转型的高级阶段，也是传统企业转型为数字化企业的关键一步。一般有以下两种类型的再造。

（1）企业内部与数字化生产力相适应的生产关系的再造，它可以是企业内部某一独立的业务单元（如产品销售板块），也可以是企业整体。通过再造，让古老的企业焕发青春，使数字化生产力得到充分释放。这种再造方式扬弃了传统的组织管理架构，但业务本质并没有变化。

（2）打破企业边界，以并购、融合、创新等跨界方式实现企业的商业模式再造。这种再造意味着逐渐抛弃或转变原有的核心业务，寻求新的盈利模式。

（二）企业数字化转型的定律

1. 快慢定律

快慢定律指的是，数字技术发展很快，业务变化次之，组织变化更慢，最慢的是人们的数字化意识。企业数字化转型发端于数字技术的变化，成功于企业全员数字化意识的转变。

2. 三七定律

三七定律是指企业进行数字化转型的进程完成30％时，数字技术的强大渗透力足以自行解决剩下70％的转型问题。这一定律传递了两个重要信息：首先，数字化世界中只有最先完成最早的30％转型的企业才能获得领先优势；其次，即使企业自身力量有限，无法完成全部的数字化转型，只需全力以赴完成30％的工作量，剩下的70％可以由数字技术自动完成。数字技术在现实世界中的应用，就像流水一样潜移默化地帮助我们完成绝大部分的工作，这种力量是无声的、持久的。

3. 成功定律

企业数字化转型的成功定律表明，当数据成为企业统一的声音时，企业的数字化转型才可以真正成功。当数据充分且充足时，它总是能够以最短的路径流动。企业只需紧随数据的步伐，便可以实现最高效率的目标。如果企业不能跟随数据的步伐，那要么是因为数据不够充分，要么是因为企业管理层的数字化意识没有跟上。不管是哪种情况，都意味着企业数字化转型仍在朝着成功的道路前进。

拥有统一的声音对企业至关重要。例如，对于一个城市的交通状况而言，如果所有车辆都遵循同一个导航系统，就能够实现最佳的交通拥堵治理效果。但如果有些车辆使用导航而其他车辆不使用，或是使用不同的导航系统，就可能导致所有车辆都被导航到同一个地点，从而加剧交通拥堵问题。

以上这些规律客观地反映了企业数字化转型在数字技术驱动下的发展趋势。了解这些趋势有助于我们更深入地理解企业数字化转型，并更有效地引导企业沿着最优的价值路径进行升级和转型。

二、企业数字化转型的保障

（一）组织保障

企业数字化转型需要由决策层牵头，组建一个专门的转型推进组织，并制定规范的推进流程。组织的主要职责包括以下 4 项.

第一，负责进行转型的顶层设计，确定数字化转型的目标、战略和路线图。

第二，推动数字化转型的具体工作，监督和管理各项转型项目的实施。

第三，落实负责组织变革、流程变革等关键人员，确保转型过程中的各项变革能够得到有效落地。

第四，针对数据治理这一最具挑战和核心的问题，设立专门的领导团队来负责，同时配备专职的数据治理专家队伍，负责统筹企业的数据治理标准和流程。

通过以上组织保障措施，企业可以确保数字化转型得到有效推进和管理，实现顺利转型。

（二）人才保障

企业数字化转型需要建立自主可控的数字化赋能平台，并塑造促进数字化转型的创新体系。这就需要大量的数字化人才和业务人员的支持。为了保障人才需求，可以从以下四个方面进行。

第一，提升数字化人才待遇。为数字化人才提供具有竞争力的薪酬和福利待遇，以留住现有的数字化人才，并吸引更多高素质的人才加入。

第二，培育成长环境。创造适合数字化人才成长的良好环境，包括提供学习培训机会、技术研发平台、创新项目等，激发其创新和成长潜力。

第三，大量引进人才。针对数字化转型需要的具体技能和知识，积极引进相关人才，如数据科学家、人工智能专家等，以满足企业转型的需求。

第四，对业务人员进行常态化的数字技术和数字意识培训，提升其对数字化转型的理解和参与能力，使其能够更好地适应和响应数字化转型的需求。

通过上述人才保障措施，企业可以充分发挥人才优势，有效推进数字化转型，实现良好的组织和人才支撑。

（三）文化保障

在推进企业数字化转型的过程中，要将数字化文化融入企业文化，并逐渐形成主流文化，这需要进行周密的策划和有组织的培训教育，不断优化人才结构，调整用人导向，合理运用考核和待遇手段，推动企业数字化文化的快速形成。具体而言，可以采取以下措施来保障数字化文化的落地。

第一，企业内部推广数字化意识。通过大规模培训、内部沟通和宣传等方式，提高员工对数字化转型的认知和理解。同时，加强对数字化工具和技术的培训，提升员工的数字化技能和素养。

第二，打造积极支持数字化转型的工作环境。创建鼓励创新和尝试的文化氛围，打破传统框架和思维定式，鼓励员工提出新的想法和解决方案。

第三，建立数字化激励机制。通过设立奖励机制，给予在数字化转型过程中有显著贡献的人员和团队一定的荣誉和奖励，激励员工积极参与数字化转型。

第四，公司领导的榜样作用。公司高层领导要成为数字化转型的倡导者和榜样，积极引领数字化文化的树立和推进。

通过以上文化保障措施，企业可以逐步塑造支持数字化转型的企业文化，并促使数字化文化在企业中得到广泛接受和贯彻。

（四）基础设施保障

在企业数字化转型过程中，数字化基础设施起着关键的支撑作用。许多传统企业可能在数据中心建设、网络覆盖和带宽、5G 网络建设等方面存在待提升的问题。此外，对于核心设备的物联网建设、传感技术和计算能力的提升也提出了新的要求。因此，在推进企业数字化转型时，需提前进行规划和建设，确保基础设施的先行之义。

第一，数据中心建设。确保数据中心的规模和可靠性，满足企业对数据存储和处理的需求，并采取相应的安全措施保护数据的机密性和完整性。

第二，网络和通信设施升级。提升网络链路的覆盖范围和传输速度，充分利用 5G 等先进技术，以支持大规模数据传输和实时通信需求。

第三，物联网能力升级。加强对核心设备的物联网建设，实现设备间的互联互通，并通过传感技术获取更多实时数据，在数字化转型过程中发挥重要作用。

第四，算力提升。根据数据治理的需要，规划和提升企业的算力，确保能够处理和分析大规模数据，满足数字化转型过程中的需求。

第五，安全和可靠性保障。重视数据安全和隐私保护，在基础设施建设和使用过程中，注重数据的保密性、完整性和可用性。

通过以上基础设施保障措施，企业可以构建一个可靠、高效的数字化基础设施，为数字化转型提供强有力的支持。

第三节　数字经济时代企业的协同管理

一、数字化企业技术联盟

在全球经济一体化的大背景下，数字化企业技术联盟应运而生，成为企业战略中的重要组成部分。企业纷纷组建技术联盟，旨在实现技术资源互补、降低风险和成本、推动技术创新，以在激烈的市场竞争中保持有利地位。技术联盟为企业提供了共同发展的平台，通过合作实现创新，提高企业在市场中的竞争力。这种国际合作的形式已经成为企业实现国际化竞争的基本战略之一。

（一）企业技术联盟的特征与类型

企业技术联盟是由两家或多家具有独立法人资格的公司共同从事一项技术或产品的研究，是一种优势互补或增强型组织，以满足技术迅速发展和市场竞争的要求。技术合作是一种新型的技术创新组织。技术的激烈竞争促使企业结盟，结盟的目标是技术创新，而非削弱竞争，是将技术的竞争推到更高的水平，使得单个企业的技术竞争变成了企业联盟和企业联盟之间的竞争。

1. 企业技术联盟的特征

企业技术联盟是知识经济时代的一个重要特征，它具有以下特征。

（1）联盟成员之间要根据战略原则进行协作。如果发生了对一方有利但对另一方不利的情形，则技术联盟就不能建立或保持。

（2）联盟成员要具备技术资源的互补。联盟成员必须有能力为每个成员提供资源，这也是技术联盟与其他联盟不同的基本条件。

（3）技术联盟的全体成员都要保持各自的合法地位。如果一个成员失去了独立的合法权利，那么技术联盟的关系就会随之消失。

（4）技术联盟是一种分阶段的协作。当环境或者自己的条件发生变化时，公司的战略也会发生变化。因此，虽然建立技术联盟的目的是寻求长期的共同经济利益，但是在一定的时期内，还是应该明确技术联盟的时限。

2. 企业技术联盟的类型

从技术联盟的实践与发展来看，技术联盟可以分为以下三大类。

（1）合资经营。合资企业是将其不同的资产结合起来，共同承担风险，分享利益，但是，与普通的合资公司相比，合资公司的某些新特点表现出了联合企业在技术创新方面的战略意图，而不仅仅局限于追求更高的投资回报。

（2）共同持股投资。共同持股是联盟成员之间的一种长期的合作关系。不像合资公司，互相拥有的股份不会把对方的设备和员工进行整合，并且，这一关系有助于在特定的区域内进行合作。

（3）功能性协议。功能性协议是一种合同型技术联盟，它和前两种有股份的合作模式有着很大的区别。这一概念主要是指在特定的领域内，公司与公司之间的合作。例如，在技术交流、联合研究和发展等领域，采用这样的功能协定，而非以前述的转让资产为基础的新组织形式。

（二）企业发展技术联盟的意义

在整个世界的经济发展过程中，技术联盟一直是推动创新与引领的力量。从我国的角度来看，发展技术联盟具有以下 4 个方面的重大意义.

第一，技术联盟可以使企业进入技术创新的前沿。现代高科技产品的开发往往涉及很多技术方面的问题，这就需要在技术创新中进行技术开发，而新技术和新产品的竞争却不能使企业在技术上长期保持优势。企业能够通过技术联盟来补充技术实力上的缺陷，从而快速地跻身于技术创新的最前沿。

第二，技术联盟可以使企业节省技术创新的费用，降低开发风险。新技术和新产品的研发，每年都要花费大量的资金。通过建立技术联盟，既可以补偿资金的短缺，又可以分摊技术创新的成本，还可以利用合作伙伴的人力资源、仪器、仪器等，间接地减少成本。同时，企业在技术创新过程中，建立技术联盟，可以促进企业之间的合作，提高研发实力，降低研发失败的风险，同时，各个公司的风险分担也会减少。

第三，技术联盟有利于改善企业技术创新的资源结构，增强技术创新能力。我国企业在技术创新过程中，往往会出现某些资源短缺的问题，从而阻碍了创新进程的顺利进行。通过结盟，可以有效地整合各部门的资源，消除或减轻企业的资源瓶颈，推动企业的创新活动。该联盟能够汇集来自不同行业的技术人员，从不同角度进行分析和研究有效地利用现有技术装备，从而加快创新，降低创新成本。

第四，技术联盟有利于缓解外国企业对中国企业的冲击。随着我国全球化进程的加速，关税的下降，以及逐渐废除的非关税壁垒，如配额、特许等，将会吸引越来越多的跨国企业进入我国的市场。跨国公司资金雄厚、技术雄厚、经营科学，给国内的企业带来了巨大的挑战。面对实力雄厚的跨国企业，我国企业可以采取技术联盟，尤其是强强结合的技术联盟，在某种程度上减轻了竞争的压力。同时，通过技术标准的通用性和产品的兼容性，可以增强我国企业技术联盟产品的市场竞争力，从而有效地抑制跨国企业的发展。

（三）企业技术联盟的组织

1. 企业技术联盟的组织形式

（1）项目型联盟。最常用的技术联盟是以项目形式进行的，即企业之间的合作，以节省研发费用，减少开发风险。项目联盟可以使各成员企业之间的资源相互补充，提高技术创新能力，其特征在于，联盟中的所有人都有一个清晰的技术创新目标，所有的合作行为都必须服从并为之服务，达到目的后，技术联盟就会自行解体。

（2）购买型联盟。购买型联盟是一种技术合作形式，其中一方通过购买技术，如专利许可和技术设备，与另一方建立合作关系。这种形式不仅涉及技术的交易，还包括对购买的技术进行培训，可以通过派遣技术人员或向供应商进行培训的方式，确保双方逐步掌握新技术的应用。通过购买和培训，购买型联盟促使双方在技术领域建立深度合作，增进相互了解和技术融合，为联盟的长期发展奠定基础。

（3）服务型联盟。服务型联盟以技术引进为目的，通过向对方提供咨询和销售服务的方式实现合作。这种形式强调建立紧密的合作关系，通过提供各种服务，联盟成员有机会接触新技术和新产品，促进技术的传递和创新。服务型联盟通过服务提供者和接受者之间的交流，实现技术的有机整合，注重合作关系的深度和稳定性，为技术引进提供了更为灵活和全面的途径。

（4）生产型联盟。生产型联盟通过联合来达到间接技术目标，即通过合作研究新技术的原理和特点。在合作的过程中，联盟成员将新技术与自身特点相结合，实现新技术在本地的生产和应用。这种形式鼓励深入研究新技术，以更好地与本地市场和生产环境相适应。通过深化合作，生产型联盟能够更好地理解和应对新技术的挑战，实现技术的本土化，为联盟成员带来更为可持续和有竞争力的发展。

（5）委托研究型联盟。所谓委托研究型联盟，就是由一方提出特定的项目内容和需求，然后委托对方进行研究和发展，在市场营销中也被称作"产品定制"。虽然这种联合也具有技术转让的特点，但是引入并不是以学习为目的，受托人可能会暂时不能分心，或者这个项目不值得再投资，所以就把它交给了别人。相比之下，联盟中的受托者在短期内可能没有足够的实物资产，只能通过为别人提供资金来进行原始积累。

（6）公司型联盟。在这样的联盟中，没有可以转让的技术，但是有一个真正的联合媒介，即联盟的所有人联合起来，成立一个与联盟成员无关的新公司。联盟成员是公司的实际决策人，经理对公司的日常进行管理，对股东负有责任。

（7）控股型联盟。这种同盟由公司式同盟演变而来。与企业联盟一样，企业联盟也会进行技术创新，但其最终目标还是以技术为导向，相对来说，更多地关注于联盟的短期经济效益。这一组织形式与公司式联盟的组织结构相似，不同之处在于，联盟的一部分成员控制另一部分（通常只有一家公司）的股权，并从中获利。

（8）技术组合型联盟。技术组合型联盟是指各成员各自贡献各自的技术，以达到优势结合和相互重叠的目的。这种联合常常发生在行业内比较有实力的公司，它们通常已经是或接近于市场的主体，联合并不以技术引入为目标，也不以营利为目标，技术结合的结果就是联合起来，形成技术领先，或者拉开与竞争对手的差距。

（9）技术加强型联盟。技术加强型联盟是一个将行业巨头联合起来，为维持现有的技术创新组织，通过可持续发展策略来维持现有的优势。这个机构紧密跟踪行业动态和科技发展的过程，以抓住创新机遇，实现技术革新，巩固联盟的技术优势。

（10）协调型联盟。协调型联盟是由若干个行业的公司来，按照各自的特点，制定行业的特定技术标准，提倡行业的先进性。近年来，随着科技的迅猛发展，高科技产业中出现了大量的不公平竞争，因此，协调型联盟已经发展成一个行业联盟。

2. 企业技术联盟组织形式的选择

在企业技术联盟的组织形态上，彼此之间并无优劣之别，但联盟成员各具特点，企业可依其自身状况进行适当的选择，其目的是企业状况与结盟方式的最好结合。比如，企业在不同的发展阶段、不同的力量层次，就会有不同的策略使命，这明显地影响着到企业的组织结构选择；技术实力较弱、市场竞争力较弱的公司为了获得技术和技术实力，与实力较强的公司组成生产型、购买型联盟；市场追随者，在技术上取得重大突破，形成项目联盟；而市场的领导者们，则是在安全的环境下，组成了一个强大的技术联盟，以保证自己的实力。当然，企业的力量并不是决定联盟形式的唯一因素，例如，技术联盟并不是只有行业巨头才会参与，很多小型公司也可以通过联合技术，组成技术联盟来对抗大型公司；主导市场的公司还可以和小型公司组成采购联盟，通过引入新的技术来支持大型项目的研发。所以，技术联盟的组织形式是要综合考虑多种因素才能决定的。

（1）自我保护型选择。联盟的一个重要特征就是要实现优势互补，所以每一个成员公司都有自己的优势，比如技术、管理经验、市场信息，这些都是公司的核心竞争力。所以，在联盟中，商家会很自然地采取保护措施。特别是在企业占据绝对优势的情况下，在选择合作组织形式时，要尽可能地避免知识的外溢。但在专案、控股、技术强化等联盟中，各单位的管理权限相互交叉，各职能部门充分配合，资源的充分流动，尤其是人力资源的相互配置，无疑增加了知识转让的可能性，这必然会让企业在合作过程中失去管理风格、技术开发思维等无形资产，进而丧失优势。在委托研究型、协调型的联盟中，由于成员之间的直接联系较少，合作关系不太紧密，有利于维护各种无形资产，因而是一种理想的保护同盟。在建立学习型联盟时，一定要选择具有较高关联度的项目型、技术型等联盟，以扩大与高科技企业的联系。

（2）轻重缓急型选择。不同的企业，技术创新的难度和途径不同，需要的技术创新也不同，这就会影响其合作创新的方式。通常情况下，如果企业只是专注于新技术的获得，或者仅仅是技术本身的基础，那么，就会采取购买型、委托研究型等方式，当技术需求不大的时候，就会采用采购模式，如果技术需求不大，就会采用委托开发型联盟，使供应商有足够的时间去满足自己的要求；如果企业在关注技术获得成果的同时，也关注技术的获得，从而提升自身的科研能力和技术人员水平，那么就可以考虑采用项目型、技术加强型的联盟模式，利用现有技术资源，积极地掌握技术，而不是被动地接受技术；在技术加强型和协调型的联盟中，并非没有创新的压力，而是缺乏重大的科技突破，技术发展成熟，联盟没有创新的机会，所以他们采取了防御策略，等待时机。

（3）风险规避型选择。技术联盟最大的优势在于风险分担，而技术合作模式所具有的风险规避作用也不尽相同。很明显，在项目联盟和超越型联盟中，联盟成员处于同一战略阶段，在技术创新价值链中处于同一层次，大家共同决策、共同操作，这就意味着，技术创新的风险应该被合理地分配，如果出现意外，则可以分摊。而在采购型联盟和委托研究型联盟中，技术风险仅存在于技术提供者，而非技术接受者承担的风险分担。当然，风险越大，利益越大，项目、技术合作的联盟，利益和风险都是平等的，而技术合作的联盟，风险越大，利润越大，利益越大。企业可以根据创新风险的大小和风险的容忍度来选择合作模式。

（4）组织结构变动程度的选择。无论企业采用何种联盟形式，其组织结构都会发生改变。尤其是在技术联盟中，高层决策者参加了联盟的决策，各个部门都在做着自己的事情，而作业层则受到了联盟的控制，所有的资源都在联盟的掌控之中，这对原本的组织结构造成了很大的影响。相比之下，在合作伙伴关系中，技术合作伙伴关系的变化主要体现在技术合作伙伴的技术层面，而在合作伙伴关系中，组织变化相对较少。因此，企业可以根据其自身的组织结构特点，预测其对其组织结构的影响和其所能承受的范围，来确定其联盟的最佳方式。如果有些公司不能管理新的组织。尤其是那些在联盟中占据绝对优势的公司，他们缺少协调资源的能力，也不可能在整体上拓展自己的组织结构。

技术联盟是由全体会员联合组成的，它的组织结构也是由全体会员共同商议决定的。由于成员公司处于不同的发展阶段，技术力量的不同，对技术风险的客观认知和主观判断存在着差异，以及对新的组织架构的适应性也存在着分歧。为了维持良好的同盟关系，必须全体成员进行磋商，既要遵守自己的特别条款，又要顾及其他成员的看法，例如，可以考虑与不同的合作伙伴，同时成立若干种不同的结盟形式，或者根据结盟的形式，避免违反彼此的禁忌，以维持良好的同盟关系。

二、数字化企业合作创新

（一）企业合作创新的界定及特点

1. 企业合作创新的界定

合作创新是企业与企业、科研机构、高校之间的协同创新。合作创新一般基于合作伙伴的共同利益，基于资源共享或优势互补，合作目标、期限和原则，合作双方在整个技术创新的全过程或某个环节上进行合作，并通过网络参与、分享成果、共担风险。合作创新通常是指科技与高科技的结合，以合作研发为主。

在技术创新的各个环节中，合作的形式和规则都要清晰，可以从以下 4 个方面来进一步了解。

（1）公司与公司之间的合同。参与合作创新的公司都会提前签约，因为这样交易费用会降到最低。

（2）由于受条件的制约，企业进行了创新。当自身条件良好时，公司更倾向于进行自主创新，而当条件有限制时，公司则更愿意进行协作。

（3）企业之间的协作创新通常可以以某种组织方式进行，如战略联盟、知识联盟等，在此统称为企业联盟。

（4）企业之间的合作创新，通常在合同中都有明确的目标和时限达到目标就会解散，这就限制了参加该联盟的公司。

2. 企业合作创新的特点

与自主创新、模仿创新相比，合作创新具有资源共享、优势互补、风险分担等特征。

（1）资源共享性。合作协同创新策略强调企业之间的资源分享，也就是技术创新、人才、资金等创新资源的需求，以及创新成果的知识产权，并非由一方独享，而是由双方共同分享。在合作的进程中，运用各自的优势资源进行创新活动，可以有效地促进企业间的合作创新，加快企业的创新成果转化。合作创新是实施协同创新的先决条件，是其与自主创新、模仿创新战略不同的重要特征。在自主创新、模仿创新的进程中，创新资源被完全垄断，不与任何人共享。同时，它还规定了企业自主创新与模仿创新资源的约束。

（2）优势互补性。合作创新策略强调技术突破的优势互补，在技术突破时，双方可以根据自身的长处进行优势互补，在技术、人才等方面，通过优势互补，可以有效地解决技术和人才的不足，从而提高企业的协同创新能力。与自主创新不同，它强调的是技术突破的内在属性，也就是说，所有的关键技术都要靠自己的知识和能力来支撑，并通过独立的研发活动来实现。模仿创新策略的关键技术来自购买，所以没有技术研发的问题，也就没有了优势互补的问题。

（3）风险分担性。合作创新策略强调风险分担，其中的风险并不是由哪一家公司来承担，而是由合作伙伴共同分担。合作创新对创新风险分担的影响与其规模、内容相关。一般而言，规模较大、内容较复杂、风险较高的创新项目，其风险分担效果愈明显。自主创新的风险，应由创新型公司自行承担。"模仿"是指以收购方式获取核心技术，并以所购技术为基础进行创新，从而使其在研发过程中没有任何风险。

（二）企业合作创新的优、劣势

1. 企业合作创新的优势

与自主创新、模仿创新相比，合作创新具有低风险、技术和市场领先，以及与我国的实际情况相适应的优势。

（1）合作创新相对于自主创新风险较小。自主创新最重要的特征就是技术的内在特性，因此，企业要在技术研发上投入大量的资金，同时还要维持一支技术力量雄厚的科研团队，不断地提高技术的开发能力。自主创新的企业往往需要大批高素质、多学科的技术人员的通力协作和精良的研发设施，技术研发成本高。在全球技术的激烈竞争和技术发展的不确定因素的影响下，企业的创新活动正面临着日益严峻的挑战。自主创新企业的研发、技术成果的转化都是以自身的力量进行的，其投资成本高，如果不能成功，则会造成很大的经济损失。

（2）合作创新相对于模仿创新具有技术和市场的领先优势。与模仿型创新相比，协同创新可以实现资源共享、优势互补，从而产生共生经济。所谓共生型经济，是指不同经济组织在同一资源或不同类型资源互补性的基础上，通过这种方式，对经济组织内外的资源分配效率进行优化。通过创造共生经济，可以优化资源结构、缩短创新周期、扩大创新空间、降低交易成本、提高创新效率、率先开发新产品、取得市场领先地位、增强企业竞争能力。

2. 企业合作创新的劣势

合作创新的进程是企业、科研机构、高校之间的合作，也就是一个多主体参与、分工合作的过程，企业在合作创新的过程中会遇到外在的阻碍，从而增加了协同创新的难度，降低了创新的效果，降低了创新的效率，同时也带来了信用风险，这是与自主创新、模仿创新相比，合作创新的风险更大的地方。

（三）企业合作创新的类型与主体

企业、高校和科研院所是合作创新的主体。从经济学的观点来看，企业是以营利为目的的经济组织，而大学、科研机构则以公益为目的，向社会提供科技知识等公共物品。大学与科研单位具有相似的组织特性与社会功能，因此，这里将其归入同一范畴，并以大学为代表。合作创新按照其参与机构的不同，可以划分为以下4种类型。

1. 企业之间的合作创新

企业是一种以利益最大化为目的的经济组织，其资源禀赋、技术特征和发展阶段具有很强的特殊性。在技术层面上，通过技术联盟、研发等方面的合作，使各企业实现资源与技术的分享，共同承担创新的成本与风险。企业间的协作创新一般有以下三种类型。

（1）优势加强型。具有较强的资源和技术实力的公司通过合作，在科研开发中形成规模上的竞争优势，或分摊研发成本，分散风险。在高技术产业中，强强联合是当今技术联盟的一个重要特征。

（2）优势互补型。具有资金、人才、渠道等稀缺资源和技术的公司，在共享利益的基础上，通过资源整合，实现协同创新。比如，江苏移动在手机市场的合作中，具有深刻的消费市场意识，能够精准地把握顾客的需要，在大量的服务中发现可以提升服务和加强管理的重要应用；大唐微电子的优势在于技术力量强大，技术执行能力强，能够在技术实现的同时进行二次商业创新。江苏移动公司与大唐微电子公司凭借自身的独特优势，形成了密切的合作关系，形成了一种优势互补的局面。

（3）学习型。技术较差的企业通过与技术优势企业的合作来实现技术的商品化，系统地学习先进企业的技术、管理经验，而技术优势企业也可以在技术之外获取更多的资源和能力，比如市场和本土化。

2. 企业与高校的合作创新

高校这样的科研机构，历来被视为从事科研工作的非营利组织，其科研工作具有一定的相对优势。企业与高校、科研机构之间的协作创新是目前国内外学者研究最多的一种形式。高校、科研机构在人才、技术等方面拥有巨大的优势，但是由于资金和生产环境的制约，它们的技术成果难以转化为实际的生产力。企业拥有强大的生产和经济力量，但是其技术研发能力却不高，缺乏持续发展的技术创新力量，使企业与高校、科研机构之间形成了一种合作的推动力，同时也为企业之间的合作开辟了广阔的空间。

创新是一种新的生产要素与条件的组合。高校与企业之间的协同创新可以促进高科技资源的流动。与企业的工程生产技术相结合，可以使技术重新组合；高校的科研人员和公司产品设计、工程、经营管理、营销等人员的有机结合，形成了一种新型的人才结构；高校所掌握的各类信息，包括国内外最新的科技动态、技术发明，以及企业所掌握的生产工艺、市场需求、政策法规等，都可以通过企业与大学的协作，进行新的整合和应用；高校的研发能力与企业的工程制造能力和商业化能力相结合，是技术创新能力的综合体现；企业与高校联合组建的技术创新机构，为技术创新活动提供了高效的组织结构，保障了技术、人才、信息资源的稳定供应与高效整合。

3. 企业与政府的合作创新

与政府部门合作，是政府对企业进行创新扶持的一种新趋势。比如，小米集团与上海政府签订了一份战略合作框架协议。上海正在积极贯彻党中央、国务院的决策部署，加快发展先进制造业，推动互联网、大数据、人工智能与实体经济的深度融合。小米集团在上海的金融科技、物联网、工业设计等领域的布局，与上海的工业和科技发展趋势紧密相连，并期望通过深入的合作，促进创新资源的集聚、技术的突破和产品的首发。

4. 企业与金融机构的合作创新

在创新过程中，资本短缺是最主要的问题，金融机构是公司的主要资金来源，企业可以通过银行直接融资，也可以通过股票、债券等方式直接融资。由于研发费用不断增加，科技领域的全球化竞争，现代科技创新的研发费用不断增加，科技领域的全球化竞争也使得现代科技创新面临着前所未有的风险，而这种风险往往不是企业能够独自承担的。在科技创新中，特别是在高科技领域，引进创业资本已是必然选择。投资银行是创业投资中的一个关键组织，其与企业的协同创新是对其有效的支持。一方面，利用其广阔的营销网络为企业提供技术创新资金；另一方面，也会运用其丰富的投资经验，为企业做出创新的投资决策提供指导。

三、数字化企业创新网络

（一）企业创新网络及特征

企业创新网络是指在技术创新过程中，以企业为中心的各类形式和非正式形式的协作关系的整体架构。企业创新网络是通过合同或重复的交易和利用互联网信息技术与外部组织的合作机制，实现相互信任、长期合作、互利互动的合作机制。网络协作是企业在迅速变化的市场条件下实现技术创新的最好方式。

企业与高校、科研机构、政府等各种行为主体之间的有效互动与磨合，促使企业及其各主体的行动更加有效地协同，从而构成企业的创新网络。在这种网络中，创新要素以资源、技术和知识为主要特征；企业与各方主体在相互影响、相互激励中，采用了一种很好的组合与运作模式，各得其所，取得了"总体大于局部和"的效果。

在企业创新网络中，创新常常是在网络节点上进行的。随着连接的节点越来越多，企业的创新能力也会越来越强。网络的结点可以是一个组织的单位，比如科研机构、高校或者政府，或者是组织单位之间的相互沟通，从而使其更有价值和影响力，比如交换的新思想，合作研究的新结果。当一个节点连接到一个网络时，一个新的节点就会出现。随着网络的密集程度，通信机会不断增加。通信频率愈高，节点愈多；节点越多，创新机会越多，企业的创新能力也就越强。

在创新网络中，企业之间的联系、协作、资源的最大化，使得企业之间的竞争变成了技术创新的愿望。从产品的创新、产品的研发到市场的应用，都是一条接一条的创新链条。

企业创新网络的特征归纳起来主要有动态性、开放性、互补性和非中心化 4 个方面。

第一，动态性特征。企业创新网络的构建和形成实质上是一个发展和变革的过程，这是因为企业创新网络中的各种行为主体和它们的网络关系时刻处于变化之中。由于企业所处的技术、市场环境的不确定，在外部环境发生改变时，企业的创新网络也会随机应变。随着本地区的不断涌现、破产、合并、地区企业的迁移，企业的供货商和客商也会不断地发生变化，网络上的各种关系也会随之发生改变，在企业创新网络中的其他节点（中介机构、高校科研机构、金融机构等）与公司之间的关系也会随之变化。

第二，开放性特征。由于企业和其他活动主体的互动关系，它们彼此合作，但它们的联系并不限于当地，尤其是在产业集群中，企业不会满足于企业集群的网络，而应在区域之外寻求更多的合作伙伴，通过战略联盟、研发合作、生产许可证或者委托创新等方式，通过劳动力、技术、资金、信息等生产要素的流通和交流，以获取长距离的知识和互补性的资源，并不断开拓新的市场。因此，在企业创新网络与外界的联系中，必须具有开放性。此外，企业公司的开放性还体现在企业对网络关系的自主化上，也就是它的自主性，包括它的建立和中断、加强和减弱。

第三，互补性特征。企业创新网络关系不仅仅是企业内部和外部组织间的交易，更是各成员间创新要素的补充。每一个会员都具有各自的独特优势，并依据各自的优势在不同的网络中找到适合自己的位置，从而实现各自的优势互补，进而达到"1+1>2"的协同作用。

第四，非中心化特征。不同于层级组织模式下的生产要素的单向流动，不同于企业的规模、功能的强弱，不同于企业内部的分工协作或互补的资源，企业创新网络可以通过网络的方式进行合作或交换，这样才能更好地协调合作关系，保证知识、信息的遗漏和失真。在供应链上，由于供应链中的供货商与客商在长期的合作中，形成了一种相互间的互信基础，从而形成了一种灵活的协作关系。由于企业与公司是平等的，同时也是一个独立的经济单位，因此，在沟通与合作的时候，信息的传播壁垒会降低，知识、信息等资源的流动速度也会加快。不同的参与者可以利用不集中的、松散的网络连接来进行知识和技术的传递，同时也可以通过网络合作来减少市场的竞争和创新的失败。

（二）企业创新网络的结构

一个网络包含了构成要素和各要素之间的关系。网络构成元素可以用节点来表达，而元素之间的关系可以用连接节点的边来表达，这两种不同的结合构成了网络的不同形式。对"系统"关系的考察，"关系模式"和"网络结构"对个体的行为和整个体系的本质产生了影响，而角色对组织的作用也是一个很大的问题。

1. 节点

创新网络节点是指企业、高校、科研机构、中介机构、金融机构、政府机构等。以下主要讨论各个节点在整个网络中的作用。

（1）企业和其他节点的连接是资源、知识和技术的双向流动。

（2）与政府、金融、中介、高校、科研机构之间的关系错综复杂，从而使许多企业的创新网络连接在一起，形成一个大而广的区域创新网络。

（3）在网络中的交往是以平等的方式进行的。在网络中，所有的银行都应该是一个独立的法律实体，它们的交易不应该受到行政关系的约束，而应该遵循互惠互利的原则，在各自的利益的驱使下，每一方都有自己的自主决策权，合作的进程是双方同意的。

（4）企业创新网络中的重复博弈具有长期性。网络关系并非企业间的一种一次性的买卖，而是一种动态的、持久的、稳固的伙伴关系。因此，企业的网络参与不应该以获得短期的收益为目的，而是要通过不断的合作来提高自己的竞争力，从而获得长期的收益。

2. 主体

（1）企业。创新投入、创新活动和创新成果的主体是企业。企业和企业之间，有着非常广泛的联系。企业之间的战略合作能够有效地促进企业之间的优势互补，从而有效地降低技术开发、市场和财务风险，进而提高自身的竞争能力。

（2）高校与科研机构。高校和研究机构是科技创新和发展的主要源泉。企业与高校、科研机构的合作，不仅可以获取高校和科研机构的技术成果，还能够促进科研成果的商品化和市场化。特别是在我国企业自身研发水平较低、科研机构成果转化较差的背景下，开展产学研合作具有重大的现实意义和发展潜力。同时，产学研结合也是国家重点发展的一种重大技术战略。

（3）政府。在创新过程中，政府既是主体，也是企业的主体。在很多国家，企业的创新都是由政府来驱动的。政府通过引导、激励、保护、协调等手段对企业的创新产生了积极的影响。在政府干预企业创新的进程中，发达国家相对于发展中国家来说，更多的是通过间接的方式参与，而发展中国家则更多地直接参与到企业的创新活动中。

（4）资本市场。企业的创新需要资金的支撑，而创新必须与资本相结合。现在，创新活动所需的资金日益庞大，而企业在资本市场上的融资能力将会极大地影响它们的创新活动。长期以来，我国的科技与经济脱节的主要原因在于资本市场的不健全，以及其在创新活动中的参与能力不足，而企业与资本市场的融合也没有形成有效的途径。

（5）中介机构。在企业和其他组织之间，中间人是一个非常重要的联系纽带。中介机构的健全和活跃对企业的创新行为具有积极的作用。

（三）企业创新网络的功能

1. 进行知识创造与转移

一般情况下，知识可以分为显性知识和隐含知识。显性知识是被高度编码的，比如计划、配方、手册；由于隐性知识没有具体的编码，难以被充分地理解和吸收，需要在"干中学"的情况下对其进行"试错"。企业网络是获取技术知识和提高创新能力的一种有效的途径，而创新的过程则包括知识的创造和知识的传递。知识是公司的关键生产要素，是企业创新的关键因素。知识是研究与创新活动的产物，是指企业所生产的技术知识，不能被企业所垄断，也就是可以自由地、以低廉的价格被其他公司所复制；网络的作用一方面在于创造知识，而组织则是通过知识的交换和集成来实现创新。创新网络对知识创造的作用是巨大的，而嵌入网络联盟中的高相似性和高亲和力的企业，其知识产出也会更高。而知识的传递则是整个网络过程的核心：信息是在互联网上进行的，它突出了在创新劳动分工中互补的资源；当网络中已有的信息被重新组织起来时，知识的传递就会出现。

由此可以看出，不同的网络形态为参与方在网络中进行知识传递和知识查找提供了一个相对安全的平台，网络连接关系使其内部成员之间的知识传递更加高效、方便，实现了利用网络资源进行知识传递和学习，同时也保证了新知识的不断涌现。

2. 提升能力

在网络化、开放化的背景下，企业往往会利用网络进行协同创新，从而达到或维持其竞争优势。通过将"核心能力"或者"核心资源"融入企业的核心能力中，可以使企业的核心竞争力最大化，提高公司的运营效率，培养公司的可持续发展能力。

从企业的微观个人角度来分析网络中的个人行为，企业的网络和创新能力、网络能力等因素，分析网络关系对网络联盟企业创新能力的影响，而知识密集型战略联盟企业提升能力的关键是整合大量网络成员的弱联系与核心成员的强联系。不同的社会网络组织可以促进不同的知识管理行为，从而对创新的激励产生不同的作用，从而提高企业的竞争力。

四、数字化企业的创新生态系统

（一）企业创新生态理论的研究模式

生态系统理论在商务领域的应用标志着研究方式的深刻变革，由传统的单一创新系统要素逐渐演变为注重动态关系和系统与环境的能源交换。构建企业生态系统成为新的范式，其中包括客户、供应商、主体生产厂家等各要素的有机组合。在这个生态系统中，核心企业扮演着主导角色，体现了生态科学对商业实践的深刻影响。企业不再孤立地进行创新，而是积极融入一个相互关联的动态体系，从而推动商业领域的可持续发展。在知识经济与全球化的背景下，许多经济学、社会学的研究人员纷纷从生态系统的角度出发，试图从生态系统的角度来阐释企业与企业的竞争、相互依存、不断进化的关系。综上所述，在生态系统理论中，与创新有关的研究模式有以下三种。

第一，网络视角的创新。创新网络的生态体系建设是创新体系的一种制度安排。创新网络是以知识观念为基础，通过对知识的认识向知识产品的转化，提出了以知识为基础的知识生产的"螺旋"模式。

第二，演化经济学视角的创新。"创新生态系统"的概念在生态演化中凸显了其动力演化。与传统经济学的静态平衡分析不同，进化经济学是从不可逆的历史角度来看待经济现象的。这里从技术和创新体系的交互作用出发，对技术演进的总体路径进行探讨，并提出技术与经济的共生关系。创新体系中的参与者在不断变化的过程中相互影响，需要改变传统的"国家创新体系是历史与文化产品"的观念。更确切地说，创新生态系统的进化可以分为四个机制：遗传、变异、衍生和选择。

第三，战略管理视角的创新。企业的生存期与企业的生存期是企业发展的关键。以此为切入点，研究了各种创新体系的兴衰与消亡，以及相关的创新政策。在企业创新生态体系中，要充分运用技术收购与技术交易，加快产品的研发与商品化，从而达到企业间的竞争优势与制度管理。

（二）创新生态系统的界定与特征

1. 创新生态系统的界定

生态系统是由供应商、分销商和外包商、相关产品和服务的制造者、相关技术供应商和其他组织组成的松散的网络，这些组织对产品的生产和传播有一定的影响，对创新生态系统主要有以下认识。

（1）创新生态系统是一个复杂的体系，其各组成主体相互联系、相互影响、具有主动性。

（2）创新生态系统是一个区域的创新群体和创新环境通过物质流、能量流和信息流的连接，在一定的范围内形成一个开放的、动态的、复杂的系统。

（3）创新生态体系是创新主体在实现创新的过程中，以共享的理念和目标为基础，通过对创新资源的协同和整合，搭建创新的通道和平台，从而形成"共赢"的创新网络。

基于此，创新生态体系是以一个或多个核心企业为中心，以生产和需求为中心的多个主体，通过与外部环境的联系，共同进化，从而实现共同创造和分享的价值。

2. 创新生态系统的特征

（1）共生性。与双赢相比，共生是一种超出市场交易的伙伴关系。自然界中的共生体是在生理上互相分工、交换生活、在组织上构成新的结构的结果。创新生态体系类似于专性共生，在体系中没有额外的机构，各个机构都要通过与其他机构的共生关系来维持生存，而协同作用所带来的网络效应要比规模经济、范围经济大得多，因此创新生态系统的创新绩效通常很高。

（2）增值性。与自然生态系统相比，创新生态系统的价值更高。新的业务模式和技术平台的模式已经使消费者有了很大的不同，它们可以为消费者的喜好提供更多的商品和服务，而消费者也乐意为此支付更多的钱。创新生态体系的增值功能可以抵消竞争对手的竞争优势，增强企业的利润，这是整个体系内部组织共同体得以存在和发展的根本。

（3）稳定性。当一个创新生态体系建立起来后，它将会引导某种技术路线、消费趋势甚至是文化趋势，并逐步展现出自身的独立性和稳定性。稳定性是一把双刃剑，创新的个人对其依赖性会造成"锁定"，这就导致创新生态系统在稳定发展与灵活变革之间很难选择。

（三）企业创新生态系统的结构

基于企业的创新生态环境，公司的创新生态体系围绕着核心企业，包含了供应商、分销商、研发机构、竞争对手、消费者、监管机构、传媒等。从技术合作的视角看，企业创新生态系统就是以技术标准为纽带，各企业在技术上互补合作，从而达到技术创新的目的。企业技术创新生态体系可划分为企业核心、技术研发和产品应用、创新环境和创新平台三个层次。现代企业的创新已难以单独进行，各个创新要素的协同作用是非常关键的，不同的企业和组织可以联合起来，发挥各自的比较优势，进行协同创新，实现共赢，甚至多赢。创新生态系统是指以创新为基础，在特定的时间和空间，以创新为基础、以创新为支撑的创新环境，通过创新物质与信息的流通，实现资源共享、过程协作、成果交流的创新动态平衡系统。

1. 核心企业

在创新生态系统中，核心企业扮演着至关重要的角色，其地位类似于生态系统中的中枢，这是因为核心企业决定着创新生态系统内资源的流动和策略的实施。现代企业的创新不再是孤立的行为，而是依赖全方位的资源协调，形成了一个复杂的技术创新网络。这个网络以核心企业为中心逐渐形成，核心企业在这个网络中充当着指挥官的角色，驱动整个生态系统向前发展。

核心企业的创新能力对于整个生态系统的繁荣至关重要，这不仅需要核心企业具备强大的创新研发能力和难以模仿的技术，同时它们还在创新生态系统中充当着"指路人"和风向标的角色。类似于自然生态系统中的"优胜劣汰"，核心企业通过淘汰不符合要求的产品和企业，推动整个创新网络的健康发展。核心企业发展创新能力不仅是为了提高自身的竞争力，更是为了整个创新生态系统的可持续繁荣。

核心企业不仅在创新生态系统内部发挥关键作用，还对其他企业产生深远的影响。通过制定技术标准，核心企业影响着整个行业的发展方向，对其他企业产生引导作用。同时，核心企业的存在吸引并鼓励其他企业进行创新，促使产生配套的新技术，形成一个相互促进的创新生态系统。然而，值得注意的是，技术载体需要不断创新以适应核心技术的发展，企业如果未意识到技术革命可能面临淘汰的风险。核心企业的影响力既是引导，也是一种提醒，激励着企业在创新的征途上不断前行。

2. 创新链

创新链是以技术支持为基础，以核心技术为基础的创新系统。支持技术包括垂直和下游的互补，以及以相同的技术环节为基础的横向支持。在产品的复杂度不断提升的今天，产品的技术革新已成为一种全新的概念，包括技术研发、设计、制造等多个方面的技术革新。大部分产品的研发都是由企业与其他企业、高校、科研机构合作，形成技术创新链条，以达到新产品研发的目的。技术创新链之所以形成，主要是因为其本身所具有的技术知识有限。科技创新链是由现代产品的互补性、功能多样性以及产品间的相容性和互补性形成的。通过参与技术创新链，公司可以在技术创新中加速获取经济效果，从而获取竞争优势。创新链中存在着许多组织，它们在创新链的各个环节中扮演着不同的角色。

（1）大学尤其是研究型大学在创新链中起着举足轻重的作用；在以企业为主导的工业技术创新中，研究型大学必须重视基础研究与关键应用研究，并兼顾技术的前瞻性。同时，要把重点放在人才的培养上，为提高地方的创新能力打下坚实的基础。

（2）科研院所的创新研究与研究型大学相比存在较大差异，大学的创新教育以培养创新意识和创新思维为目的，以学生的创新能力为主导。而科研单位则更注重科技创新的目的，并且要将其转化为可实现的技术，而不是单纯的理论。

（3）中介机构作为创新生态系统的一个关键环节，其角色定位依赖于其资源的有效使用与环境的适应性。这些组织最主要的作用是通过信息交流和中介媒介来实现，因此可以分为两大类：企业集团和政府机构群体，而企业集团也可以分为行业协会、企业家协会、技术交流协会等创新服务组织。公共服务机构包括技术交易机构、资金供应机构和人才中介机构。中介组织的主要功能是促进各创新主体之间的交流和连接，它本身也有一些创新，但是它的目标是帮助其他群体的活动顺利进行。由于受到多种因素的限制，创新行为者与创新活动者之间的交流存在着一定的障碍，从而加大了信息交流的难度，而信息的不完备也会导致创新效率的降低。中介机构的存在能够降低企业的交易成本，降低企业的创新风险，降低企业的创新成本。

（4）系统内配套的其他企业。配套企业分布在创新链的各个环节，为核心企业提供了广泛的技术支持。这种多元化的合作模式不仅维持了整个系统的稳定性，还有助于核心企业克服成本和资源约束，更加灵活高效地进行技术研发和创新。通过在配套企业之间建立协作关系，企业生态系统得以形成协同创新的格局，实现了资源共享与优势互补，从而为企业的长期发展奠定了坚实基础。

3. 创新环境

创新环境的形成与企业的内外部因素密切相关。企业的内部环境包括企业家的自我创新意识、企业文化和工作环境。企业家的个人经历、教育和工作背景与自我创新意识紧密相连，对企业的创新具有关键作用。同时，团队对企业的定位和文化基础也会对创新产生深远的影响。在优越的工作环境中，员工更容易被激发出创意和灵感，为企业创新提供源源不断的动力。创新环境的综合影响涵盖了企业的内部环境、创新生态系统环境以及更广泛的大环境，为企业实现可持续创新和发展提供了有力支持。

企业所处的创新生态系统环境既是企业的外部环境，又是系统的内部环境。这个环境包含了政府的服务、创新的基础设施以及创新的人文环境。政府服务机构是指政府有关机构和有关政策、规章等，它的职能是引导、协调、规范各类创新活动，促进创新活动的良性运行。创新的基础设施主要包括道路、港口、通信、水电、公共实验室、公共图书馆、科研数据和信息资源等。创新的人文环境是一种软环境，它可以在不泄漏技术信息的情况下，促进企业在技术创新中建立起一个创新联盟。大环境是指对整个系统创新活动产生直接或间接影响的各种外部环境因素的总和。其内容包括外部政治、法律环境、经济环境、科技环境、社会文化环境。外部环境是政府与市场共同创造的体制创新氛围，政府出台相关政策来引导创新，而市场则通过不断的实践检验来不断地完善的创新模式。

第四节　数字经济时代企业的创新管理

一、创新管理及其趋势

（一）创新的特征

创新就是将一种新的生产要素引入生产体系中，具体来说可以分为 5 种情况：引入新产品、引入新的生产方法、开发新市场、获得新的原料来源、创建新的组织。

技术创新是一个过程，包括从新观点、新思想开始，到新技术开发，直到技术引入市场后，产生社会效益和市场价值。从广义上来看，技术创新分为两个部分：一是技术发明，二是技术扩展，前者就是狭义的技术创新，后者才是技术创新的最终实现，才具有了经济价值。

1. 创新具有不确定性

所有创新都具有不确定性，创新程度越高，面对的不确定性也会越大。创新的过程就是一个不确定性不断消失的过程。具体来说，创新的不确定性有以下三种情况。

（1）市场不确定性。创新首先就具有市场的不确定性。经营者要实现有效创新，必须把握市场的特征，明确市场需求，若是不能将市场需求的特征融入创新过程，就会出现创新失败。市场不确定性也表现在市场需求确定之后，却无法确定其变化的方向，这是市场细分问题所造成的。市场不确定性也表现为产品开发者不知道如何将市场需求融入产品设计之中，满足未来用户的潜在需求。市场不确定性的内涵是多种多样的，还包括产品推向市场后能否满足用户需求，如何确保用户能够很快接受该产品并对其进行自觉传播。如果存在同行竞争者，市场就会出现另外一种不确定性，即如何创新才能够胜出对手。

（2）技术不确定性。技术不确定性也是常见的，从本质上来说就是指不清楚如何运用技术语言来表达市场需求的特征，具体表现为：是否能设计制作出满足市场需求的产品及工艺，产品原型测试合格后，大规模推广生产过程中可能会遇到问题。从产品原型到规模化生产，每一步都是很大的跨越，出现不确定性的问题在所难免。技术不确定性的另一个来源是创新性技术和当前技术系统之间不能够兼容。同时，新技术是否能够在经济效益和社会效益上明显超越原来的产品，制造成本能否满足商业化的要求，这些都属于技术不确定性。有些产品创新的构思，之所以无法实现、投产，就是因为其商业价值不够。

（3）战略不确定性。战略不确定性一般是对于大型投资项目和重大技术创新来讲的。一种新技术出现之后，有可能导致原来的技术创新投资过时，从而导致投资战略的不确定性，也就是难以判断新技术对当前生产技术的冲击和影响程度。面对新技术存在潜在重大变化时，企业往往需要进行组织的调整，重新对投资进行决策。创新战略的不确定性已经成为影响企业管理和发展的关键问题。

2. 创新具有保护性与破坏性

创新的程度有大小，不同程度的创新对于企业来说会造成完全不同的影响效果。创新分为保护性创新和破坏性创新。保护性的创新能够全面提升企业的当前能力，增强技术的使用价值。一旦有创新就会有变化，就会突破原有技术体系，但不是所有创新都是破坏性的。经济发展的一个常态是创造性破坏，创新常常会在创造一个新产业的同时破坏一个原来的旧产业。虽然科学和技术的奇迹常常能创造新产业、摧毁旧产业，但创新对竞争优势的作用绝不仅仅取决于技术上的新颖性或科学上的荣耀。创新产品的技术新颖性及其与科学进展的联系，在有些情况下与创新的竞争作用关系并不大，有些企业依赖现有能力，仅通过使部件标准化、工具更为精确、操作更合理等便取得了竞争优势。

3. 创新具有偶然性或随机遇性

创新具有偶然性或随机性，这是再平常不过的经验。创新开始于创意的出现，创意在头脑中是一瞬间出现的。艺术家在创作时经常会遇到这种情况，有时候灵感爆发，得到神来之笔。科学研究和技术创新同样如此，新产品的出现，新技术的发明具有一定的偶然性，在适当的时机往往会产生切合时宜的新技术和新成果。

（二）创新的管理学分析

管理是指为适应组织内外部环境的变化，对组织本身的资源进行重新配置和利用，从而达到一定的效益目标的过程和活动。管理不是一成不变的，而是一个不断调整管理目标，实现新的管理效益的动态过程。"当今世界，一个企业要想很好地生存和发展，就必须有自己的核心竞争力，因此，加强管理成为企业发展的关键。"① 因此，管理有一定的创新职能。管理创新是为了保持企业的持续稳定的竞争优势。知识经济时代的企业时刻面临着变化的挑战，企业面对技术发展和全球竞争所产生的新要求，急需对企业的观念、制度、模式以及管理进行革新，只有这样才能适应环境发展。同时，企业在经营发展过程中，总是会遇到不同的新情况，企业家为应对环境变化必须对自身的管理体制和规则进行变革。一定程度上，管理成为现代化企业是否能够成功的主要标志。创新源自企业面对不同的发展机会并加以利用。

创新是管理的本质，资源整合活动能够充分体现管理者的创新能力。一般来说，管理者在经营和资源整合过程中会遇到大量问题，总体上归为程序性和非程序性两种。针对程序性问题，以前的创新成果都是未来进行创新的开始之处，程序性问题比较简单，创新管理也相对容易。但是非程序性问题就没有可资参考的模式，管理者必须发挥创造性来寻找答案。然而，不论是什么样的管理问题，都需要进一步创新才能解决。为适应环境变化，对企业组织进行调整也是非常重要的一种创新类型。所有成型的组织都会与外部环境进行沟通，尤其是物质、能量和信息的频繁交换。环境变化会影响组织内部的发展，管理者根据环境状况对组织进行调整，确保组织和环境相互适应。此外，经济社会发展是一个不断创新的过程。谋求可持续发展，必须从创新入手，数字经济环境下，知识和信息成为核心资源，管理者的思想就更加重要，管理创新也是一个永远在路上的过程。

（三）创新管理的界定与特征

创新管理就是通过调整组织的运行状态，来为创新活动提供良好的制度

---

①张一．现代企业管理探究［J］．中国商贸，2011，（3）：68.

环境。新技术、新方法的出现需要一个宽松的创新环境。创新管理即通过计划、组织、指挥等管理手段，为企业和社会提供新产品、新服务，达到实现创新的目的。创新管理和管理创新是两个完全不同的概念，创新管理是对创新活动施以管理手段，达到一定的创新目的；管理创新是针对管理活动的变革和创新。

1. 创新管理的界定

（1）创新管理的重点是搭建创新链。狭义的技术创新单指研究开发，简称研发。研发活动是由基础研究、技术研究、应用推广等多种活动构成的链状结构，也被称为研发链。但是，这里说的创新不仅包括研发，还包括产业应用，是一个从创意到市场化应用的全部过程。创新链不仅包括研发链，还包括产业链和市场链。三条链构成一个有机系统，形成创新链；三者相互贯通，彼此融合，研发带动产业，产业推动市场，市场反过来又可以引导研发活动。创新链的搭建，将创新活动纳入管理活动的范畴，能够提高创新效率，符合经济发展要求。

（2）创新的竞争形势催生科技管理模式变革。如今，创新能力已经成为一个国家的综合实力在国际竞争中胜出的重要指标。科技工作者必须肩负重担，为科技创新贡献力量，既要保持创新的长期发展，又要持续提高技术效益；既要满足国内市场，又要满足国际市场；既要改进传统产业，又要培育新兴产业。如此复杂的技术创新任务，研发、产业和市场各个环节必须密切配合，切实高效可行的科技管理模式就显得异常重要。

（3）科技管理应覆盖创新链的所有环节。21世纪以来，科技创新活动蓬勃发展，创新链的环节也有所调整，市场链逐渐成为创新链的主导，市场决定着研发的方向，成为科技创新的主要动力。市场因素的重要性日渐凸显，导致独立的研发管理很少，全创新链的管理成为科技管理的重中之重。如今，科学技术、知识产权、信息资源等逐渐走向社会化，科技项目越来越工程化和集成化，科技人才的流动也呈现出快速的趋势，这就要求科技管理扩大范围，囊括创新链的所有环节。

2. 创新管理的特征

创新管理的基本特征指创新管理所追求的主要目标及客观效果，受创新特征的影响。创新管理的特征主要包括以下 4 项。

（1）全员参与性。创新管理的目标在于激发组织内所有成员及利益相关者积极参与创新活动。这一目标的实现通过建设创新导向的组织文化和培养创新氛围来达成，以鼓励每个人保持开放、积极的创新态度。在这种全员参与的理念下，每个成员都被视为创新的潜在推动者，从而为组织注入更多创新的力量。

（2）全局协调性。这意味着需要对组织各部门、层次和资源进行全方位的协调与配合。由于创新是一项复杂的、需要超前思维的活动，全局协调的角度有助于避免利益冲突，并确保创新能够全面融入组织。这种全局协调性为创新提供了更广泛的资源支持和更强大的推动力。

（3）全程动态性。由于创新的前沿性和环境的不断变化，创新管理需要随环境变化灵活调整。持续的动态管理有助于确保创新活动的顺利进行。相反，一成不变的管理方式可能妨碍创新的发展。在全程动态的管理模式下，组织能够更好地适应市场和技术的变化，从而更有可能在竞争激烈的环境中脱颖而出。

（4）全面实效性。创新管理的目的是实现创新的顺利发生和发展，要求覆盖组织的全面活动，创造全组织范围的创新氛围和文化。实效成为创新活动和管理的标准，最终产生对组织全面有效的创新成果。通过全面实效性的追求，创新管理不仅是为了创新而创新，更是为了在各个方面推动组织的全面发展和提升。

（四）创新管理的新趋势

第一，企业之间相互合作的方式将会改变。这似乎是不言而喻的。企业合作由原来一般的模式，转向网络虚拟合作，以及国际供应链的协作，与相关企业形成联盟。现代企业要想在市场竞争中胜出，不仅要为用户提供符合需求的产品和服务，还要将自身优势和各项技术资源结合起来，提升自身的综合竞争力。

第二，知识积累和技术水平成为企业保持竞争优势的重要资源。在数字经济时代，知识无疑将成为企业的核心资源，传统企业可能重视资金和人力，但是未来的数字化的创新型企业必须重视知识。面对数字经济的挑战，企业需要不断合作，加强知识管理，提高员工的知识能力，进而赢得竞争。

第三，绩效评价从单纯的绩效考核向全面绩效管理转变。以前绩效考核就是根据员工的工作结果来对其进行奖励或者惩罚。人力资源管理过程中，还要以职务的标准对员工进行考核。但是这种考核缺乏全面性，不能达到惩戒和改善绩效的目的。所以，当前企业的绩效评价正在走向全面化和动态化，以便更加符合评价实践。

二、数字经济新理念与企业创新管理

（一）企业创新管理的认知

创新是人类经济社会发展的根本动力。这些年创新理论和实践都有了进一步长足的发展，全员创新、全民创新、即时创新、大众创新、全流程创新等一系列新的创新概念的提出就是最好的证明。

创新管理是管理科学发展的最新成果，能够为中国企业的发展和中国的经济增长提供持续动力。但是，以往的创新管理研究更多地考虑技术因素，而严重忽略战略、文化等方面的非技术因素，所以不能将创新管理实践更好地应用到实际的企业管理中。创新管理应该是一个技术和文化全面贯通的过程，只有从全面创新的角度，从战略发展的高度去研究创新管理，才能推动其深入发展。所以说，企业创新管理是指企业为提升核心竞争力，以战略为导向，以创新性技术为手段，通过创新机制的管理和调整，以便达到全员创新、全流程创新、全价值链创新的企业管理目的。

1. 不同视角下的企业创新管理

（1）技术创新视角下的企业创新管理。20世纪60年代起，创新管理理论主要从组织管理入手，来加强创新效果。各种复杂多样的创新战略、产品设计和研发成为创新的重要方式。这一时期的企业创新管理主要聚焦于技术创新的管理，就是在技术原理指导下将潜在的想法商业化，转化为市场的生产力，表现为技术的商业化和产业化。

（2）制度创新视角下的企业创新管理。制度创新的内涵是丰富多样的，从狭义的角度来看，制度创新就是指研究企业产权和组织创新的问题，广义的制度创新则包括组织创新、技术创新、市场创新、管理创新。企业在进行制度创新的过程中，必须将构成企业制度的所有要素及其相互关系考虑在内。从本质上来看，这是一种系统创新观念影响下的企业创新管理模式。

（3）系统创新视角下的企业创新管理。企业创新管理可以从不同的视角去看待。如果将企业视为开放的组织系统，我们就可以将创新生态系统理论引入企业创新管理中。企业内部各部门之间组成一个整体系统，企业组织系统由各个小系统组成，每个系统都是开放式的，与外界环境形成一种动态影响的格局，可以自我调适。创新管理系统的观念建立在对企业组织系统的动态掌握的基础上。

2. 企业创新管理的特征

企业创新管理在具体实施时，会有自己的独特性，特征如下。

（1）企业创新管理的战略性在于其对经营绩效的提升具有关键作用。通过积累知识和技术，企业得以形成竞争优势，从而在市场中占据有利地位。这一战略性的重要性在于它不仅仅是单一部门的问题，而是全公司共同努力的结果。企业需要认识到创新管理不仅仅是提升效益的手段，更是一种长期的战略规划，涉及全局经营策略的调整和优化。

（2）创新管理的整体性要求企业内各个部门协调合作，形成一个紧密结合的系统工程。这种整体性的思维意味着创新管理不仅仅是某个部门的责任，而是需要所有部门协同工作。只有通过内部各个环节的有机衔接，企业才能真正实现创新的最大化效益。整体性不仅仅关注创新本身，更关注创新在整个企业运营中的融合和贯通。

（3）创新管理的广泛性强调将创新活动需贯彻到每个人和每个部门。不仅高层管理者需要具备创新意识，每个员工和每个部门也都需要参与到创新的过程中。广泛的参与意味着创新不再是一项孤立的任务，而是贯穿整个企业生态系统的一种理念。只有每个人都认识到创新对企业的重要性，才能形成全员共同努力的创新文化。

（4）创新管理的复杂性主要表现为多种创新类型的涉及，形成层次多样、功能复杂的企业创新系统。企业需要综合协调多个子系统，以应对外界环境因素，提升抗干扰能力。这种复杂性要求企业不仅关注技术创新，还要考虑组织结构、市场营销等多个方面的创新。只有通过多方面的协调和整合，企业才能应对变化莫测的市场环境，实现创新管理的全面发展。

3. 企业创新管理的原则

（1）全要素创新原则。企业必须全面考虑自身的组织、制度、文化、技术等方面的问题，以便取得优良的创新成果。

（2）全员创新的原则。未来的企业创新管理不会再局限于专业的研究人员和技术人员，而是要全体员工一起参与其中。不论是制造人员、研发人员，还是财务人员、管理人员，每个岗位上的人都能成为创新者。

（3）全时空创新原则。全时空创新是企业在时间维度上的全方位创新，包括全时间创新和全空间创新。企业应将创新置于发展的核心位置，使全员时刻铭记创新的重要性。全时间创新追求持续性创新，要求企业在不同阶段都能不断推陈出新。而全空间创新则要求企业整合各类资源，实现创新的聚集和爆发，以适应全球化和网络化时代的挑战。这一原则的核心理念在于将创新融入企业的发展 DNA，使创新不再是偶然的事件，而是贯穿于企业全时空的持续过程。

（二）企业创新管理的影响因素

1. 企业文化的影响

企业创新的本质是企业在竞争过程中不断寻找新型平衡点的过程，也是一个不断发展，不断自我否定的过程。企业文化对于企业创新活动的影响是具有决定性意义的。可以说，企业创新的第一要义就是企业文化和观念的创新，企业只有具备开放性文化、兼容性文化、创新性文化才能确保自身的发展活力。

具有创新精神的企业文化的主要特征包括：兼容性，能够容纳一切奇思妙想；学习性，就是造成一种不断学习的氛围；开放性，对于社会发展永远开放，不会被守旧和惰性所束缚；承受风险的能力，企业在创新过程中要基于一种危机意识，不断进行实验；相对于手段来说，更加注重结果，以结果为导向的企业文化能够催生创新的风气；对开放系统的强调，也就是要能够不断适应市场环境的变化，并且能够对形势发展不断做出调整。

创新管理文化不仅是小企业管理的核心因素，更是创新管理工作的重要驱动力。中小企业的管理人员应根据企业发展状况建立符合长远发展的思想观念，正确认识创新对企业的重要性。此外，正确引导员工形成积极的工作态度也是至关重要的。

2．企业组织结构的影响

企业组织结构对于企业创新来说非常重要。良好的组织结构对于企业创新发展具有重要意义。良好的组织结构能够提升组织的灵活应变能力，增强员工的跨职能的工作能力，能够更好地让创新被采纳。资源富足可以为企业创新提供一定的基础，让企业有能力承担创新的成本。另外，良好的企业组织结构对于企业各部门之间的沟通和交流非常有利，使得沟通更为流畅。建立学习型组织是提升企业员工学习能力的有效途径，对企业长远发展具有积极影响。中小企业应着力构建良好的沟通机制和工作协调机制，采取多种手段激发员工的创新积极性。同时，强化中小企业的知识管理有助于促进学习型组织的建设和发展。

3．企业战略机制的影响

中小企业创新管理的影响因素很多，其中，战略发展机制也是非常重要的部分，一个企业的战略机制对于企业发展有统领全局的作用。企业的创新管理是一项长期的工作。如果没有领导的支持以及鼓励，企业创新管理也很难获得理想的效果，同样会失去意义。为此，必须在企业的经营管理上持续进行创新管理，并对其给予战略方面的支持。同时，要根据我国的实际情况，制定适合我国国情的激励与决策机制，并对其进行充分的信息、资金等支持，以保证其有效地进行创新管理，而且可以采取科学、全面的贯彻措施。

4．企业人力资源的影响

人力资本是决定企业创新的关键因素，它源自员工的创造性思维、员工的创造力，以及员工的综合素质。而影响企业员工创新能力的因素包括：以员工创造性为导向的企业组织；对公司员工进行培训，使其能够及时地更新知识；公司的员工在不断地学习，快速地交换自己的信息。创新体系的建立需要人才，尤其是有用的创新型人才。因此，创新管理的一个重要方向，就是要在建构创新人才培养机制的同时，全方位促进人才流动。

（三）数字经济促进企业创新管理的发展

"互联网＋"时代的到来，意味着企业管理的工具也必须随之改变。在此背景下，云技术在企业管理中的应用范围将不断扩大；在互联网基础上建立起来的企业信息管理系统，将成为现代企业实现现代化管理的基础平台，而云终端式管理模式的建立，也逐渐成为我国企业管理模式创新转型的重要方向。因此，如何有效利用云技术来构建和应用云计算平台也成为当下我国不少企业所关注的问题之一。而云技术是一种基于网络、应用于计算机系统上并具有开放性和共享性特点及功能特性的 IT 技术。

1. 数字经济对企业创新管理的变化

（1）数字经济破解企业创新链瓶颈。中国在近几年一直是世界上最大的制造业大国，但中国制造业的附加值相对较低，在某种程度上面临着被全球价值链"低端锁定"的问题，其核心瓶颈是创新能力不足，主要体现在信息分割、产业链与创新链上缺乏对接，传统制造业企业研究开发的基本路径是将技术研发人才集中起来，研究一个新产品，将其推向市场，进行推广试验。这样的风险很高，同时因为创新资源比较分散，研发资源不能很好地得到整合，也就降低了创新的效率。

数字经济改变了对传统制造业的研究方式，透过开放的数字化平台，消费者可以更深入地参与到产品的研发和设计当中，突破了消费者和研究的壁垒；数字经济让中国厂商能够以低成本、及时性地向研发部门提供海量的信息，从而促进了以消费者为中心的新产品。公司可以在最短的时间内推出"最简单可行的产品"，借助线上顾客的体验评估、优化建议等，逐渐改善产品的细节，这种快速迭代的研发模式，是根据消费者的产品研发，将客户的需求信息和变化及时反馈到研发端，能够很好地降低产品的市场风险。通过建构网络化和数字化的协同研发平台，企业能够打破行业、企业、地域的限制，将业界研发资源聚集起来，应用于同一个创新项目。设计工具的云端化，为企业内部各成员的参与提供了一个统一的标准和平台，能够有效地促进整个产业链和创新链的紧密结合。

（2）数字经济提升企业制造链的质量。中国制造业在质量上有了长足的进步，但在可靠性、连续性、稳定性等方面仍有很大的差距，因此，中国制造业在转型和升级过程中，必须关注制造链的品质。数字经济对中国制造链条的品质提升起到了新的支撑作用。数字化工厂是指在数字化平台上实现虚拟工厂与实体工厂的无缝连接，实现了与实体工厂同样的生产流程，通过"数字孪生"技术，可以在最短时间内发现生产中的问题，从而保证生产线的正常运转，保证产品的质量。数字化工厂在解决标准化问题的同时，通过分析与挖掘生产过程中产生的海量数据，实现生产工艺的优化与升级。

（3）数字经济拓展创新服务链。中国制造业向"微笑曲线"两端的高附加值环节扩展，特别是向系统集成和综合服务等方面延伸，为中国制造服务链条的扩展、中国制造业服务的增值，培养一大批综合服务供应商成为中国制造业发展的重要途径。然而，中国制造业里代工和装配等企业所占比重较大，而服务业的要素积累与人才储备却相对匮乏，难以实现向服务化转变。

2. 数字经济促进企业创新管理发展的路径

数字经济推动了中国制造业的转型和升级，但数字经济作为一项普遍的技术和基础设施，对中国制造业的要求是比较高的。中国制造业在数字化经济的推动下，转型升级的道路正在改变，正在向着平台化、生态化、软件化、共享化、去核化等方向发展。

（1）平台化。中国的制造业企业在数字经济的推动下，向平台型企业转型和提升。制造业企业的生产和组织模式平台化已是必然趋势，传统制造企业可以利用数字化、网络加速向平台经济转型。目前，企业之间的竞争加速了平台竞争，以平台经济为基础，以服务于整个行业，平台的价值会随着用户数量的增多而呈几何倍数增长，从而获得更强的市场竞争力。近年来，沿海地区的制造业企业加速了对平台经济的培育，将整个国家和世界的工业资源进行了系统的整合，把信息流、资金流、数据流等汇聚在一个专门的平台上，从而进一步增强了工业的竞争优势。

（2）生态化。在数字化时代，各行业、各地区的关系越来越密切，它们将不再局限于行业、地域等因素，而会相互交织，成为一个"数字生态圈"。制造业企业可以借助平台经济来构建和发展生态体系，将消费者、设计师、制造商、服务商等参与主体集中到一个生态圈，形成协同优势。一旦这个生态链的优势被建立起来，那么就可以通过大数据来实现协同进化和自我强化，从而在激烈的市场竞争中体现出自身的优势。将来，公司之间的竞争将会变成生态圈之间的竞争。

（3）软件化。随着工业技术的不断发展，工业软件定义了研发、产品、制造、运营、管理等业务流程，数字化设计、智能制造、工业互联网、人工智能、3D 打印等技术的发展，制造业的研发模式、制造模式、业务流程、盈利模式等正在被重新定义。与此同时，工业应用软件的云化进程加快，工业应用领域中基于工业互联网的应用领域不断涌现。特别是数字工厂和智能制造的普及，使得各大工厂的终端对终端的整合日趋完善，达到"无人工厂"水平。

（4）共享化。中国拥有庞大的设备量，在传统的产能过剩和不断升级的双重压力下，研发设计、生产制造、检验、物流配送等工作都可以通过共享经济平台进行，将那些闲置的工厂和设备利用起来，提升效益。这方面的典型是阿里淘工厂和航天云网，它们的成功运作，充分说明了共享经济在制造业中的应用前景。例如，建立"共享工厂"，为同类企业提供"加工制造"，而中小微企业则可以通过网络平台进行数据传输，完成订单、制造、交付、结算、物流等全流程，促使传统制造业全方位转型为互联网制造。

（5）去核化。在数字化经济的今天，制造过程的各方都得到了全面的赋能，大数据、物联网、智能制造等技术的出现，使企业内部的决策更加分散，更加高效，科层制、事业部制等传统的管理模式已经不能满足数字化经济的新要求，迫使制造业企业"去核化"（或者说"去中心化"），在每个环节都可以根据顾客的需要，对企业的内部和外部资源进行重组，开辟新产品、新服务、新业态和新模式。

三、数字经济时代的企业数字化转型

随着企业对网络技术的不断深入，企业的生产效率和效益也将随之提高。数字经济的变革将使企业发生翻天覆地的变化，企业使用者必须对企业文化、战略、经营流程等各方面进行反思。这也为企业的创新管理提供了一个新的机会，也为企业的数字化转型做了充分的准备。数字经济的到来，使企业的经营管理模式发生了全新的变化。公司的经营思想有了企业的平台特性，更多地关注生态，让大的公司成为一个平台，小的公司也可以成为一个平台；组织设计趋向于扁平化；业务流程表现出企业数字化的特点，尤其重视工作流程和数据挖掘的数字化。

（一）企业数字化转型的过程

企业数字化经历了三个发展阶段：业务自动化、行业互联网化以及技术与服务融合。

第一阶段是业务自动化，该阶段着眼于通过 IT 技术取代重复人工劳动，从而提高效率。随着技术的不断进步，大规模生产类的整合和全球化变得更加可行，企业能够实现更为高效的运营。然而，尽管 IT 技术的介入带来了显著的效益，但对传统商业化模式的影响仍然有限。

第二阶段是行业互联网化，亚马逊和易贝等互联网商业公司在这一阶段崛起。互联网的冲击颠覆了实体商业模式，使得传统企业与互联网公司在竞争中呈现平行线。在这个阶段，各自发挥优势成为关键，互联网不再受限于时间、地点和品类，从而改变了整个商业格局。

第三阶段是技术与服务融合，这一阶段的主要特征是移动互联网、云计算和物联网技术的兴起。物理实体世界与数字体验不断融合，催生了新的业务模式。在这个阶段，新一代消费者对服务的期望发生了巨大变化，他们希望随时随地获取各种服务，与传统消费者产生了明显的差异。这使得企业必须不断创新，以满足这一新消费者群体的需求，确保与时俱进。

（二）企业数字化转型的模式

第一，流程创新。在传统业务模式下，流程创新的焦点主要在于提高生产力效率，可以通过采用业务自动化、流程优化和效率提升等手段来实现。这种方式以成本降低为目标，着眼于提高企业内部运作的效能。然而，随着物联网和大数据的广泛应用，流程创新正经历着一场深刻的变革。企业逐渐将注意力从单纯的效率提升转向更广阔的商业机会和用户品位。移动 App 应用是一个生动的例子，它通过提高店员的工作效率，实现了快速跟踪线上和库存商品，使得企业能够更敏捷地满足市场需求，将流程创新的焦点从单一的成本控制转移到了商业机会的创新。

第二，体验创新。体验创新是指通过应用最新的感知与交互技术，来改善用户与产品之间的互动和使用体验。在体验创新过程中，重点考虑用户在不同场景下的需求和感知，以及如何通过优化触点和交互方式来提升用户满意度和产品价值。

第三，模式创新。模式创新是指在现有的业务模式基础上进行变革和创新，以应对市场的变化和挑战。在这个过程中，许多公司利用最新的技术手段，通过重新设计、优化和整合资源，实现模式创新并获取竞争优势。比如，通过引入人工智能、大数据分析和物联网等前沿技术，公司可以更好地理解和满足用户需求，提供个性化、定制化的产品和服务。同时，技术手段还可以实现业务流程的优化和精益化管理，提高工作效率和质量。

（三）企业数字化转型的机遇

第一，数字经济加速企业应用创新。为了适应不断变化的市场情况，各行业正在不断改进其新产品和新应用的研发和部署方法。在传统的数据收集、设计和制造流程中，企业往往需要耗费大量时间来规划、测试和发布新产品或服务，这可能需要数月甚至数年的周期。为了应对市场的快速变化和不断涌现的竞争，越来越多的公司开始采用敏捷的设计、制造和发布方法。这一方法的核心理念在于快速试错，及时回收失败的产品或服务，以最小化风险。同时，敏捷方法注重保持核心服务和系统的稳定性。为了实现敏捷设计与制造，企业需要建立更灵活的工作流程，紧密合作、无缝系统集成，并具备实时监测合作和集成结果的能力。这样的敏捷模式使得企业能够更迅速地适应市场变化，提高产品或服务的创新速度。

第二，用大数据增强企业创新的洞察力。每个人都想用大数据来武装自己，但是，只有了解了这些数据，他们才能把这些数据变成自己的竞争优势。其实，每一家公司都有大量的客户、竞争对手，以及内部运作的资料，所以我们必须运用适当的工具与程序，来发掘这些资料的真实意义，以便迅速做出明智的决定，推动革新，制定更具远见的发展规划。

第三，数字化工具提供企业创新的工作空间。随着科技的不断发展和手机的普及，公司职员的工作环境的流动性比以前要大得多，工作场所的观念也发生了根本的改变。工作不再受时间和地点的限制，要想吸引和保留优秀的人才，就需要营造良好的环境与文化，以适应新的工作模式。适当的数字工具和策略在此尤其重要，借助由这些工具，雇员可以有效地应对工作环境中的各种错综复杂的状况。

第四，适应企业创新业务发展的安全保障。在加速创新、缩短产品周期的同时，企业也将面对越来越多的安全隐患和威胁。由于越来越多的程序相互连接，黑客入侵了一个系统，就可以对所有连接的系统进行非法访问，同时，公司还可以通过与合作伙伴进行远程访问，这使得公司不得不面对越来越多的系统后门。为了保证安全性，对所有的系统进行反复的推敲、测试和升级，都是非常关键的。通过使用自动化的工具和更好的协议配置，企业可以在很大程度上减少发现和修复漏洞的时间，降低系统被非法侵入和数据丢失的风险。

四、企业创新管理的数字化转型

（一）企业创新管理数字化转型的技术

第一，便利可靠的连接。适应多种控制器，高性价比，新技术跟踪，如主要运营商的网络整合和转换、GPS和北斗定位、商业卫星通信等。提供全球卫星定位、无线通信、网络通信、电子地图导航。为用户打造"一站式"的综合信息服务平台，提供完善的卫星通信和卫星定位解决方案，为政府、企业及个人用户提供全方位的地理信息和移动信息服务。

第二，混合云架构技术。在技术结构上，保证了用户的隐私，构建了一个"公共云＋私人云"的体系结构，实现了多云迁移。基于公有云的技术架构，又能确保数据隐私，打造"公有云＋私有云"架构，具备多云迁徙能力。此外，该方案支持在私有云和公有云之间迁移，满足企业的多云环境需求。在功能方面，覆盖全生命周期管理体系，从数据采集、数据处理到大数据分析都提供全面支撑；在生态合作方面，支持与合作伙伴一起打造丰富开放、合作共赢的智慧生态系统。

第三，工业大数据处理技术。在当今数字化时代，工业大数据处理技术已经成为企业不可或缺的一部分。企业对大数据的需求不仅仅停留在提升生产效率层面，更强调宏观层面的战略决策。工业大数据应用的基本需求涵盖了宏观经济预测、配件需求预测、产品研发大数据分析、贷款风险控制模型、设备故障预测模型和服务模式创新等方面。

第四，可复制的应用能力。针对个性化与规范化的矛盾，满足用户的个性化要求，同时也要有大规模复制的网络扩展模型，将核心应用定位为后市场服务的运营管理，采用网络的轻量级结构，构建组件化、微服务化的功能模块，方便应用的灵活配置，实现个性化的功能。

第五，多层次、端到端的安全防御体系。构建云、管、端的全方位安全防护系统，包括晶片加密、安全 OS（隔离）轻量化、终端安全插件（轻量化）、设备端软硬件防篡改、应用识别、百万并发连接处理、无线网和固网加密传输协议、DDoS 攻击防护、云端安全运维中心、基于大数据安全态势感知等安全管理技术。

（二）企业创新管理数字化转型的法则

1. 满足客户的新需求

数字化时代，行业之间的界限越来越模糊。传统上来讲，有些企业只专注于一个领域，但未来的数字企业，需要更多地关注其他领域，开发新的增长点，从而满足客户的需求。

要建立顾客导向的服务体验，不但要整合国际先进的科技，更要转变原有的组织架构与程序，让企业的管理者与一般的雇员都接受数字化的转变，提升顾客的关注度，使企业在数字经济时代取得更大的进步。现在，全世界的消费者都将更多的注意力放在了网络搜索和社会媒体上。因为他们想要在任何时间、任何地点都能灵活地获得和使用这些信息。互联网、社交媒体、移动商务和云计算的完美结合，将会带来商业领域的巨大变革，在商业竞争中，顾客们将再次占据优势。

观念的转变也是变革的一个重要环节，无论是企业的经理还是一般的雇员，都必须接受一种全新的思考模式。建立起以数据为导向的思考方式，拥有即时、清晰的数据分类，以便对竞争者和产业变革做出回应。

2. 善用大数据，借力物联网

在当今数字技术普及的时代，每个公司几乎都面临着海量数据的挑战，如何在这些数据中找到真正有价值的信息成为衡量企业数字化能力的重要指标。虽然许多公司收集了大量客户数据，但它们并不善于充分利用。通常情况下，公司的数据主要是暗数据[①]，而且分布在不同的数据库中，这使得企业难以获取完整的客户视图。

因此，如果企业希望关注客户服务、理解和满足客户需求，它们就不能一味坚守过去，而应保持开放的心态。为了应对竞争对手和行业变化，公司需要实时、清晰地对数据进行分类。

物联网技术的发展，必将引发一场技术革命，在整个产业链上，物联网无疑将成为"工业4.0"的关键。在这场革新的浪潮中，企业不仅可以建立高效、灵活、模块化、自动化的智能工厂，而且可以以物联网为基础，开辟新的道路，并将其转变为应用于云计算的增值服务公司。

3. 全力打造数字化价值链

数字经济给公司带来了很多新的商业机遇，而这些机遇关系到价值链的各个方面。然而，为了把握这些机遇，公司必须快速灵活地利用数据，而这些数据正是驱动数字商业运作和产生价值的商业收益的驱动力。现在的情况是，以过时的系统、脱节的过程以及分散的信息为基础的价值链，无疑会使公司在竞争中处于不利地位。同时，企业也不能在跨行业的终端对终端过程中，做出及时的决策。而过程自身的脱离将使战略更加延迟。

复杂度是当前价值链中急需解决的问题。但是，当企业转变为数字经济、使用物联网、社会媒体，以及其他组织和非结构化的数据时，整个价值链会越来越复杂。而要解决这一问题，就必须在企业内部建立一个能够实现数字

---

①暗数据指的是企业或组织在日常运营过程中产生的非结构化、未被充分利用的数据。这些数据通常存储在各种系统、应用程序和文件中，但由于其格式复杂、规模大或难以访问，往往被忽视或被认为没有价值。

化的柔性核心平台。通过这种方式，公司可以实现对财务、供应链、研发、制造等核心业务过程的平台进行转移，同时实现对商业过程和商业分析的实时集成，使操作更加智能、快捷、简便。在存储技术的帮助下，企业最终可以从批量操作中解脱出来，不再需要建立复杂的过程以打破常规技术的局限。实际上，数字化的关键在于，它可以使企业变得简单，并充分发挥其潜力。通过数字核心平台推动的数字价值链，企业可以通过提高商业价值，优化顾客体验。它是实现企业在各个行业的实时决策，实现对数字价值链的高效实施的关键环节。这样一来，公司可以集中精力在具有战略意义的工作上，而不用花费时间来维护系统的运行。

随着新技术的发展，出现了大量的数字企业，同时也推动了传统企业的转型。企业必须认识到，实现数字化并非一朝一夕之功，还有很长的路要走。我们要立刻采取措施，借助专业的力量，逐步建立数字化的能力，使之早日变成一个数字企业。

（三）企业创新管理数字化转型的趋势

第一，智能自动。智能机器和软件的普及将为人们带来新的技术，帮助他们从事新的工作，创造更多的可能性。智能自动化的强大之处在于，它改变了企业和个人的工作方式。凭借机器本身的优点和能力，人们的工作变得更加轻松。随着智能技术的不断发展，人们的工作将呈现前所未有的活力和无限的潜力。如今，企业可以以不同的方式完成任务，并且有能力做出与众不同的事情。机器人和人工智能将成为企业的新员工，它们将为人们提供新的技术支持，帮助人们从事新的工作，创造更多的可能性。

第二，柔性团队。要使企业与数字时代的发展同步并实现远大目标，除了增强工具和技术方面的硬实力外，注重"员工团队"的软性力量也是至关重要的。在过去，人们的职业技能、职业轨迹和目标通常是相对固定的。然而，在当今时代，各行各业的企业正在培养"柔性团队"，这些团队具备适应环境、自我调节和灵活变通的能力。借助数字技术，员工们能够改变企业的任务和方法。

第三，平台经济。产业的领导者不再满足于建立新的技术平台，而是要构建新的经济模式和策略，从而使宏观经济发生重大变革。无论是顺应时代潮流，走向平台化，还是坚守自己的位置，企业都必须找到正确的战略定位。

第四，预见颠覆。精准农业、产业物联网等快速兴起的数字化平台为构建新型商业生态系统提供了典范，并推动了传统产业的转型升级。这些构建了数字生态系统的企业打破了行业界限，向全新的商业竞争对手发起挑战。过去，技术的颠覆力量常常出人意料，不可预测。然而，如今的企业可以根据生态系统的发展趋势来预测未来的变革。企业如果能够及时行动，在确定了其在生态系统中的独特战略定位的基础上创造出新的产品和服务，就有望在这场新的竞争中取得领先地位。它们要迅速在生态系统中站稳脚跟，与新合作伙伴联手发展平台型服务，从而在新的竞争中取得领先地位。

第五，数字道德。信任是数字经济的基石，如果用户缺乏信任，企业就无法有效地运用和分享数据。在数字经济的环境下，如何获取和储存数据是用户、生态系统和监管机构共同面临的问题。强大的网络安全和道德体系是维护客户信任的重要保障。企业需要以产品和服务的创建为出发点，认真考虑道德和安全问题。当企业与客户建立起长期的信任关系时，将赢得稳定的客户忠诚度。仅仅加强安全防护和履行隐私合规要求是不够的，企业应将数据管理与数字道德提升到核心战略层面，以规避商业风险。

第四章 数字经济时代企业数字化转型策略

第一节 企业数字化发展战略构建

在数字环境中，人们的生产、生活、交往、思维和行为都呈现出全新的面貌。数字化渗透和再造使得社会的物质生产方式被打上了数字化的烙印，人们通过数字政府、数字商务等活动展示了新的数字化政治和经济。在线学习、沟通、游戏、购物和医疗等方式描绘了不同的学习、交流和劳动生活方式的变化。

创新仍然是推动国民经济发展的核心动力，对于中国建设现代化和创新型高水平经济体系具有重要支持作用。大数据成为各行业的战略性资源，越来越多的企业进入大数据时代，希望通过大数据、云计算等新兴技术来改善企业管理状况。

数字化新技术的兴起成为新一轮公司竞争的热点。数字化有利于企业打造独特竞争力，帮助企业降低成本、提高效率，并促进企业流程再造。在互联网＋和人工智能的影响下，传统商业战略模式逐渐被取代，出现了一系列融合数字化与信息化的商业战略管理模式，这既是企业发展的重大挑战，也为企业指明了未来的发展方向。在数字化环境下，实体经济之间形成了复杂的网络关系，整合多方经济资源的平台应运而生，企业的价值分配从传统的线性经营转向链条式、网络化的发展模式，使得现代企业之间的竞争逐渐趋于生态化和平台化。

数字经济的发展不仅方便了企业的转型升级，也提升了我国的综合国力，体现了中国科技水平的进步。作为最具活力的力量，企业在国民经济中占据重要地位。在数字化时代进行数字化转型不仅关乎企业自身的发展，还对整个经济社会的发展起着关键作用。

一、企业数字化战略转型的重要性

所谓企业数字化转型是指企业以价值创新为目的，加大数字技术在企业经营管理和生产营销等诸多环节的应用，充分放大数字技术对企业发展的倍增和叠加作用，驱使企业进行全方位的业务变革，提高经营效率、降低营运成本，提升市场竞争力，为企业创造新的价值。数字技术是企业数字化转型的核心，企业变革与发展是企业数字化转型的终极目标。企业数字化战略转型的重要性主要包括以下方面。

（一）有利于企业降低成本

企业数字化转型可以在很大程度上降低成本，提高经营效率。究其原因，企业通过数字化转型可以借助共享服务云平台，以较低的成本获得更为先进的信息技术服务，从而提高经营效率。尤其对于一些生产加工型的企业而言，数字化转型可以帮助其完成生产的自动化操作，企业大部分业务都可以借助数字技术完成，大大降低了人工成本。

（二）有利于提高经营效率

在数字经济时代，传统的企业受到互联网的冲击，经营业务不断下滑，企业利润流失严重，经营效率低下。通过数字化转型，帮助企业改革传统的商业模式，整合上、下游资源，更广泛地连接资源，实现客户在线、服务在线、员工在线和管理在线，使其能够更敏捷地服务客户，精准地了解客户的实际需求，为客户投放更为精准的产品，提高经营效率，使得企业经营管理更高效。以云服务为例，企业可以利用云服务平台搜索各种有价值的市场信息，了解市场环境和客户需求，有针对性地进行业务优化和调整，提高经营成效。

（三）有利于企业流程再造

在数字经济时代，数字技术的应用让信息流动变得更加便利，企业传统的规模优势日渐式微，企业必须最大限度地发挥数字技术的作用，充分挖掘企业发展的新模式和新价值，这就需要进行流程再造。企业流程再造不是对原来生产模式进行细枝末节的完善，而是站在全局的角度重新审视企业，围绕企业为顾客服务的结果来重新组织和设计流程，解决企业反应迟缓、经营效率低下的问题。在数字化时代，每个企业都是纵横交错的网络节点，企业价值创造模式从传统的线性结构向扁平化结构转变，打破了传统企业部门之间的隔阂，数据的流动不再是单一的从上至下，而是实现了信息流和物流等在水平方向和垂直方向的顺畅流动，企业对市场变化可以做出快速的反应，形成信息高效流转、需求快速响应的组织新架构。

（四）有利于提升经济效益

创新是企业持续发展、永葆活力的重要源泉，数字化时代的到来为企业创新提供了重要机遇。2020 年以来，受突发事件的影响，我国很多企业经营陷入困境，实体经营模式受到重创，利润急剧萎缩，甚至大量企业关门倒闭。但与此同时，我们也看到，那些率先进行数字化转型的企业却逆势而行，不仅没有出现经营危机，反而扩大了市场份额，提升了经济效益。以餐饮类行业企业为例，部分餐饮企业借助互联网平台加大宣传力度，利用短视频、网络直播等新媒介进行营销推广，扩大了知名度，大幅提升了经济效益。

二、企业数字化战略转型的对策

（一）强化数字化转型思维

思想决定行为，企业只有从思想上认识到数字化转型的重要性，树立新时代的数字化转型思维，才能切实推进企业的数字化转型之路。从政府层面来讲，地方政府要组建专门的数字化管理部门，加大宣传力度，组织企业的高层管理者参加关于数字化转型的讲座和培训，开阔企业家的视野，让其真正了解数字化转型的重要性，主动去拥抱数字化时代。政府部门也可以组织企业家去参观一些数字化转型成功的企业，用榜样的力量来说服他们，使其从"不想转、不敢转"到"主动转、敢于转"。从企业层面来讲，企业要成立数字化转型小组，负责整个企业的数字化转型工作，包括协调企业的所有职能部门，制定数字化转型的相关政策，完善企业现有的信息化平台，指导具体的数字化转型工作等。

（二）构建数字化人才队伍

拥有一支高素质的数字化人才队伍，是企业数字化转型的必备条件。数字化时代，企业要树立正确的人才观，坚持唯才是举的原则。加大招聘力度，积极引入在人工智能、云计算和大数据等领域有专长的人才，构建高素质的人才体系。除此之外，企业还要为数字化人才提供优越的工作环境，加大激励力度，使其能够充分发挥自己的才能，做到人尽其才。

此外，企业还应加大对现有员工的培训力度，可以邀请行业专家到企业进行培训，帮助企业员工了解数字化转型的概念、重要性，掌握数字化转型的相关技能。企业也可以选拔优秀员工到高等院校进行深造，系统地学习数字化转型的相关知识。这部分员工回到企业后就是企业的业务骨干，带动整个企业完成数字化转型工作。

（三）优化企业数字基础设施

完善的数字基础设施是企业数字化转型的必备条件，也是未来经济社会发展的基础。当前我国的数字基础设备总量不足，难以适应企业数字化转型的需要，增加了数字化转型的成本，让大量企业难以完成数字化转型。目前，国家正在大力建设以5G为代表的，包括人工智能、工业互联网、物联网等的新型数字化基础设施，完善万物互联的数字基础设施供给体系，建设符合国际水准的工业互联网平台和数字化转型促进中心，构建创新载体和公共服务能力，为企业数字化转型赋能。只有数字化基础设施质量和总量达到一定程度，才能降低整个行业的服务成本，促进企业数字化转型成功。

不仅如此，数字化基础设备的建设还可以充分发挥投资对经济的带动作用，促进数字经济的发展，实现整个经济社会的高质量发展。数字基础设施的建设不仅体现在"硬"基建层面，还要在制度建设和技术研发上下功夫，通过构建完善的市场制度体系，加强数字基础技术的研发，实现"硬"基建与"软"基建的合理布局,为企业数字化转型提供基础保障。

（四）强化企业数字化转型的政策支持

目前企业单纯依靠自身的力量是难以同大型企业相抗衡的,所以政府应当尽快采取符合各领域、各特征、各行业、各地域的企业所需的政策优惠以及奖励补贴等措施,构建有目的性、可操纵性、精准性、支持性的政策体系,支持企业的数字化转型。今后,政府要不断提高服务水平,提高政策精准度,落实与企业数字化转型相关的创新决策,统筹研究制定相关政策及配套措施,整合土地、税收、金融、人才等方面的政策激励力度,必然会进一步提升企业数字化转型的热情。

针对企业普遍面临融资困难的问题,政府相关部门应在税收支持方面,结合企业转型过程中所面临的实际困难,给予减免税收等支持,强化财政专项资金统筹,引导各级财政资金加大对传统企业数字化转型的投入,加强对数字经济领域重大平台、重大项目及试点示范的支持;探索成立传统企业数字化发展基金,推动各级政府产业基金按照市场化运作方式,与社会资本合作设立数字经济发展相关投资子基金;积极落实数字经济领域的相关惠企政策,确保落地见效。此外,还需加强传统企业数字化转型在用地、用能、排放、创新等方面的要素资源优化配置和重点保障,充分激发企业数字化转型活力。

总之,我国已经全面进入数字化时代,数字化技术与产业融合的程度不断加深,催生了新的商业模式和形态,推动了数字经济的快速发展。作为我国市场经济的重要组成要素,企业迎来了数字化转型的重要机遇,如何更好地完成数字化转型,适应数字化时代发展的需要,是企业提高核心竞争力、获得持续健康发展的重要举措。因此,新时代的企业应该基于企业发展实际情况,不断强化数字化转型思维,大力创新技术,优化人才配置,并配合政府政策,最终实现传统企业的高质量转型升级。

第二节　企业财务管理的数字化转型优化

一、企业财务管理数字化转型的动因与趋势

（一）企业财务管理数字化转型的动因

1. 外部数字驱动

（1）与数字经济时代接轨的需要。"企业生产经营过程中的资金不停地流转变化，即资金运动，就是企业财务活动。通俗地说，对企业财务活动进行的计划、组织、控制、协调与考核，就是财务管理"[①]。随着数字经济时代的兴起，企业的财务管理需要进行数字化转型，以适应数字经济的发展趋势。数字化转型将提高财务管理效率，增强数据分析和决策能力，为企业的可持续发展提供强有力支持。

（2）满足上级主管单位数字监管及治理的需要。现代信息技术的发展推动了国家治理体系和治理能力的现代化进程。数字化治理已经广泛应用于各个领域，如税务部门采用电子税票和电子发票替代传统纸质发票和税票，人民银行推出数字货币等。这些数字化治理探索表明，财务管理的数字化转型将成为财务管理的未来发展趋势。通过数字化转型，财务管理可以更好地适应上级主管单位的数字监管和治理需求，提高数据的准确性和实时性，增强风险管理和合规能力，有助于企业构建更加高效和透明的财务管理体系。

综上所述，数字化转型符合当前数字经济时代的发展趋势，有助于提高企业财务管理的效率和决策能力。同时，数字化转型也满足了上级主管单位数字监管与治理的需求，能够提高数据的准确性和可靠性，为财务管理带来更大的发展机遇和挑战。

2. 内部发展需要

（1）提升企业管理效率的需要。随着数字经济时代的到来，信息技术得

---

①王玉珏，聂宇，刘石梅．企业财务管理与成本控制［M］．长春：吉林人民出版社，2019：1.

以不断地发展，这也使数字化技术产业逐步成熟，从而有利于促进企业的信息化建设。现在，企业在财务管理中采用信息化技术也取得了立竿见影的效果，举个例子，企业可以采用银企直联技术，这样能够减少时间损耗和人工操作失误，有利于资金管理效率的大幅度提升。此外，企业还可以通过财务RPA来完成对账和财务报表的自动生成，很大程度上避免了人工操作带来的失误，使流程更为优化，管理效率得以提升。

随着信息技术的不断发展，企业财务管理的数字化技术也日益成熟，有利于企业构建一个标准化财务管理数字化系统，从而为企业的业财融合提供条件，确保了企业财务管理信息的质量。企业要想提高其财务管理工作的效率，就要积极推进企业的财务管理数字化转型进程。

（2）挖掘企业增长价值的需要。信息时代，企业每天都将面临不同的内外部环境，企业只有确保决策的准确性，才能更好地满足企业发展的需求，创造出自身的价值，这些都离不开实时、动态数据的支持。财务管理数字化发展也将在一定程度上促进数据治理技术和数据采集技术的发展，有利于数据标准的规范和数据维度定义，从而建立一个开放的管理会计体系，满足企业多维度、多方位的现代化管理需求。

（3）降低企业运营成本的需要。企业促进财务管理数字化转型的进程，也有利于企业各项业务基础数据的采集和整理，对数据加工流程予以梳理和优化，促进业务数字化处理模式的智能化和自动化程度的提升，可以对规模经济数据进行批量处理，信息系统可以在非工作时间进行工作，从而提高了工作效率，并且避免了人工重复基础性工作造成的资源浪费，减少了人工成本和管理成本。而且财务管理的数字化转型，可以利用线上办理取代传统的现场办理，为企业节省了差旅费用、服务采购费用等。

（二）企业财务管理数字化转型的趋势

第一，促进由财务会计向管理会计转型。"互联网+"时代的到来，为现代企业带来了非常大的冲击，同时也是现代企业发展的一个重要机遇，所以企业财务管理工作的重点就在于怎样给客户提供更好的服务，以更有效地激发员工的潜能，不断减少运营成本。人人都懂数字这一语言，所以它能够帮助人们提升数据和信息的采集效率，提升挖掘深度，实现了高效的财务管理工作效率，改变了传统的账务核算处理方式，让数据的获取、使用更为便捷。而且在云技术、大数据等技术的支持下，各类数据的分析和采集也更加快捷，从而有利于管理会计的快速发展。

第二，提升数据分析与挖掘质量。对数据所蕴含的价值进行深入的挖掘和开发，为企业的各个部门提供高效的服务，为企业做出精准、正确的决策提供依据。财务管理的数字化转型既拓展了分析的广度，也拓展了分析的深度，对启蒙模块分析的现状有较大的改善作用，从而有利于管理层做出更加积极有效的决策。

第三，优化企业内控环境。随着改革开放的不断深入，国内经济发展取得了巨大的进步，市场竞争态势也越来越激烈。从现代企业的角度来说，财务管理工作是企业工作中的重中之重，将直接影响企业的战略目标能否顺利实施。随着数字经济的发展和普及，数字化和智能化概念在各个行业都得到了全面迅速的发展，为各个行业创造了巨大的经济价值。而财务管理工作的数字化转型也不例外，它不但提升了管理的效率，也促进了管理工作的精细化发展，而且通过信息数据共享，为全员参与财务管理提供了机会和条件。

第四，加强企业财务内部控制。降低企业财务风险的发生概率就要从企业的内部控制入手，但是这一环节往往被企业所忽视，没有时刻关注自身的运营状况和发展战略，并进行及时的调整和完善，加上财务数字化程度有限，从而使得企业的内部控制无法和激烈的市场竞争相抗衡。因此，促进财务管理数字化转型也是迫在眉睫的重要问题，只有利用大数据的优势，精准、高效、全面地获取各项财务信息，全面整体地控制企业的经营、投资和决策等过程，及时判断企业内部环境变化，并恰当处理各项企业运营不确定因素，才能实现企业管理的协调发展。

财务信息最直接的反映就是数据，它能够及时监控和了解企业运营中的财务管理工作，促进财务工作的科学化和严谨化发展，尽可能地避免财务风险的发生，为企业可持续发展创造条件。

二、企业财务管理数字化转型的推进

（一）数字化在企业财务管理中的作用

第一，财务管理环境的改变。大数据、物联网、人工智能、云计算等信息技术在数字世界迅速发展。过去，企业的经营活动主要以实物、实地、实体等方式进行，在某种意义上，各种内部和外部的因素都会对企业的生产产生不同的影响。在数字化时代，许多企业的运营都是以互联网、云计算等数字化技术为依托，这就使得企业的生产和管理不再局限于对实物、实地和实体的研究，而是朝着智能化和便捷化的方向不断发展。与此同时，在信息化技术不断发展的条件下，让财务数据和信息的处理更加高效、更加透明，同时使数据输入和输出也更加便捷化，使得企业能够及时地、准确地获得更多的数据和信息。

第二，财务管理主体和客体的变化。在数字经济时代，企业财务管理的对象不仅限于实体，而且越来越注重线上和线下的结合。在数字时代，企业通过云计算、人工智能等手段，不断地将企业的业务向线上、线下的一体化、实体与虚拟的结合发展，这就需要企业的经营主体由传统的实体组织向虚拟与实体结合的组织形式过渡。以前，财务管理的重点大多集中在企业的资金流动上，而在信息化时代，随着信息技术的飞速发展，财务管理的目标也逐步向资金和信息流的方向发展。

第三，财务管理手段和方式的转变。以往的会计核算主要依靠人工或者简单的计算机软件进行，这种核算方式不但会降低企业的工作效率，而且还会制约企业的工作效率和准确性。在信息化时代，企业的资金管理日益注重对成本的精确管理以及线上和线下的实时、精确的协同管理。通过引入云计算、物联网等技术，使企业的财务数据能够脱离实体机构的束缚，不仅可以进行远程工作，还可以利用海量的数据进行准确的分析。

随着信息化时代的到来，企业的财务管理方法和手段也发生了很大的改变，不但让企业职员摆脱了人工报销的困扰，同时更加专注于自己的工作，而且还能增强企业的经营效率和准确性，让经理和高层领导能够及时掌握企业的动态。

(二) 数字化改造提高企业财务管理水平

1. 实现信息共享, 推动产业与资金整合

在传统企业中, 财务管理通常由财务主管负责, 只有在财务部门中才能传递信息, 而非财务部门则不能及时地获得与自身有关的资料。由于存在着这样的信息差距, 许多企业的财务管理决策都具有一定的适用性, 而且在实施过程中往往会遇到许多问题。利用云计算、大数据、移动终端等数字化技术, 建立一个统一的财务信息共享平台, 能将有关的财务数据进行实时的共享, 实现业财的高效整合。

通过财务信息共享系统的建立, 各企业可以通过财务报表、审批、核算等财务工作来完成财务管理工作, 在财务报表建立过程中, 可以通过 H5、JAVA 等技术将企业的前端采购、销售、生产、人事等功能全部融合在一起, 不仅可以做到数据来源的唯一性, 同时也利于财务数据的统一管理, 与此同时, 可以实现全部财务报销流程的线上审批, 通过前端业务跟会计科目所建立的匹配关系, 进一步实现了全业务审核后便自动入账, 不用再转换为 ERP 来进行会计业务的处理。

此外, 财务信息共享系统能够及时地了解企业的运作, 同时也利于企业管理人员及时掌握企业的发展动态, 比如 SAP、SSF 等软件搭建的共享服务管理系统, 不但可以完成派单管理、财务审核等工作, 还能满足绩效管理、信用评价、交互管理等于一体的共享运营业务需求, 不仅便于财务部门在第一时间从财务共享平台了解企业当期业务运作情况, 进而对企业运营做出有效的资源分配及财务预测与管理, 同时还为财务信息共享中心的高效运行提供了强有力的数字化支撑。

2. 提高财务管理决策的数字化转型

财政管理是一项系统化的工作, 财政管理的内容、方式和方法都需要预先做出财务管理的决策。例如, 在企业做出投资决策前, 要深入、仔细地研究项目的资金流向和可行性。通过大数据采集技术, 可以获取与企业相关的财务决策信息, 并能快速地进行企业内部的财务决策, 保证企业财务管理的

总体精确度。决策信息采集完毕后，决策者就可以运用人工智能等数字化技术来进行决策问题的定量化，比如一些财务信息处理软件，它可以通过智能化的分析系统，迅速地处理一系列的财务指标，并且能够综合考量决策目标的内外部应用状况，为决策人员的决策提供高效的参考。

3. 加强企业的财务预算管理

企业的财务预算管理是企业财务管理的一个重要环节，它能保证企业的正常运营，提高企业的经济效益，是企业后续的经营、投资、融资等经营活动的关键。当前，我国企业的预算管理水平普遍偏低，其主要原因是预算管理的数据处理效率低下，对预算数据的分析和处理速度不够快，数据不够准确，数据的可操作性、及时性、准确性都不高，造成了财务资源的不合理分配。在数字时代，企业可以运用先进的信息技术和先进的数据处理技术，有效地减少数据的误码率，使得企业快速、高效地收集、整理、汇总数据，全面、高效地进行数据分析和处理。同时，为了保证预算数据的正确性和可信度，可以极大地增强企业的预算管理水平、预测分析水平和预测管理水平。

4. 加强财务风险的有效管理

21 世纪是一个快速变化的经济时代，企业所面对的经营风险越来越多，其中包括生产经营风险、投资风险、融资风险、信贷风险等。因此，如何提高和改善企业的内部控制和风险管理水平，已成为当今各大企业所必须面对的一个重大问题。数字化和大数据技术具有很高的准确性和时效性，可以准确、及时地记录、处理和存储风险所需要的数据和资料，从而有效地提升企业的风险分析、风险处理能力。同时，数字化能够实时、动态地跟踪和监控公司的财务信息，实时监控公司的资金流动、风险分析等，从而达到对公司风险的预警、防范、合理地预测与管理，从而增强公司的内部控制和风险管理能力。

（三）财务数字化管理的推进路径

1. 提高企业财务数字化管理的观念

（1）加强对企业的财务管理工作的数字化意识。企业管理人才是企业数字化管理的核心要素，企业可以请业内的相关专家进行企业财务管理人员的专业知识教育与职业教育，让他们清晰地认识到，企业正在朝着数字化、智能化的方向发展，如果还是局限于过去的观念和思想，迟早会被时代所抛弃，而企业若采用数字化的财务管理模式，不但可以提高企业的核心竞争能力，还可以提高企业的决策准确率，让企业享受到更多的改革红利。

（2）企业内部员工是实施数字化财务管理的重要参与者和实施主体，因此，要使各部门的观点保持一致，从而促进数字财务管理的成功转型。企业可以让员工更好地理解数字化财务管理和运行的基本模式，增加数字化工作的体验，并让他们感受到大数据、云计算、物联网等技术应用的高效性，进而转变他们的思维模式。

（3）加强财务管理团队的建设。要把数字化的理念融入数字化财务管理的工作中，让财务管理人员深入感受数字化技术的优势，使他们愿意接收和利用数字化进行日常的财务统计与核算工作。与此同时，企业还应对企业的职员进行从上到下的数字化财务管理，其中包括建立数字报表平台、业财融合平台等，从发票获取、扫描报账单据等最基本的工作开始，全面提高员工的基本素质。

2. 加强企业数据安全保护

（1）在企业的信息化建设中，要加大投资力度。为保证企业的数字化财务管理工作顺利开展，必须有一种强有力的后台做支持，当企业拥有大量的用户时，就必须有一套高计算能力的硬件来进行业务往来和存储。而且，为了保证企业的安全运行，企业必须在其雇员的终端设备上安装与外部环境无关的软件和硬件，从而保证企业的信息安全，同时也保证了企业内部人员在使用公司财务管理系统时不受外界因素的影响。小型企业使用第三方金融管理系统时，应对其进行实地考察，并与其在数据传输、使用、保管等方面达成协议，以最大限度地约束其行为，确保数据的安全。

（2）加强对核心财务管理人员使用数字平台的培训工作，确保财务数据的安全运行、维护和分析。在顶层设计中，企业必须对企业的财务信息负有保密责任，与主要财务主管签订责任协议，规范拥有较高权限的财务经理的行为，尤其是在非工作时间和离职后，必须严格遵守公司的财务管理规定。

（3）在关键管理信息泄漏后，要采取技术、法律、人事等方面的补救措施，及时弥补因泄漏而造成的经济损失。

3. 构建财务信息共享平台

要想实现企业财务共享和业财融合，建立数字化财务共享系统是一个关键步骤。整合全体职工的意识，并在上级的协调和统一领导下，打通企业的资金流、业务流以及信息流，及时对每项业务进行实时的记录；与此同时，企业所有的经济行为必须以一个统一的体系将所有的业务连接在一起，打通内外部的信息障碍，使企业中的各个部门密切地联系在一起。

与此同时，企业应利用互联网＋、物联网、云计算等数字化技术，建设一个智能化的税务系统，实现企业与企业的有效协作，实现业务、财务和税务的统一处理和管理，从而提升企业的经营效益。其中主要包括：建立企业费用控制单元，智能化支付，采购金额支付；实现机动性，突破场地局限，提高生产效能；对企业的成本进行即时的审计，云端储存，员工日常报销，对公付款；实现智能化，采购金额支付；通过实施可移动性管理，突破地域的局限性，提高工作效能，使企业的成本消耗控制在预算范围内，对成本进行实时的分析和监测，对税务的财务信息进行及时的核实和审查。

运用大数据分享技术，建立包括预算管理、成本管理和绩效管理在内的数据处理系统，将以往的数据和现有的数据相融合，发掘其经营潜力，对企业的经营发展趋势做出精确的判断，使公司管理部门更好地了解当前的经济形势，同时做出正确的决定。

三、数字化时代企业财务管理的组织与团队

（一）数字化框架下财务管理组织变革

数字技术是一项具有革命性的技术，它深刻地影响着人们的生活和学习，给企业的内部管理，特别是财务管理带来了不可忽视的影响。财务管理是企业经营的核心内容，它直接关系到企业的经营计划和运作，因此，在未来的发展过程中，如何积极地面对新的影响、新的变化和趋势，使自己在激烈的市场竞争中脱颖而出、抢占先机，是摆在我们面前的一个非常重要的课题。

1. 数字化导向下企业组织架构的变革

随着数字化时代的来临，企业的经营逐渐向智能化、网络化、数字化、

电子化发展，企业的组织结构也在不断地向平面化、网络化、数字化、智能化转变。从概念上看，"扁平化"是指在"金字塔式"的组织结构上，通过现代信息技术实现"精简"。

在数字时代，企业人力资源管理由"金字塔式"向"扁平化"转变，主要有两个原因：一方面，海量的数字化同时包括对大量员工基础资料的采集和整合，还包括挖掘员工的潜力、工作效率数据的挖掘；另一方面，由于数字化具有透明性和客观性，因此，企业内部不同岗位、不同层次的员工都可以获得自己需要的信息，而且可以通过比较平等的方式运用信息，从而使自己的工作更加顺畅。

简而言之，这种"扁平化"的组织形式具有三个优点：①减少企业经营的成本，其中包括时间成本和资金成本，同时也能有效地提升企业的经营效率；②为了让信息更好地在企业内部传播，更好地利用互联网，让基层员工和决策者通过网络进行数据和信息的交换，"扁平化"的组织结构明显地打破了层次结构的限制；③"扁平化"的组织结构可以使基层员工更有效地参与到公司的经营管理活动中，并能促进企业的内部协同创新，使企业的经营管理工作更具科学性。

2. 数字化时代财务管理组织架构变革

（1）更为精细化、智能化的企业内部控制体系。在实现企业信息化的过程中，要强化信息化和内部各子系统之间的沟通与传递，以防止由于某个环节的需求不同产生单独的系统发展，使整个系统不能满足公司整体的发展需求。企业的系统开发部要将各个具体的开发要求结合在一起，以确保各个开发方案在一个平台上开展。要提高广大职工对财务数据的思维模式，确保信息的关联、加工和收集工作可以在各单位之间进行即时共享。通过建立内部的财务信息分享机制，减少企业的内部交流费用，从而促进企业的高速运转和发展。

（2）全面预算管理系统的落地实施。企业各级领导必须对其所属部门的主要财务指标进行重点监测，保证其内部预警系统具有自动预警的能力。在此基础上，根据财务风险管理的关键节点，设定相应的风险值、安全值，并通过仪表板动态显示，保证系统的综合、形象和直观性。

从整体上进行角色分析和层级分析，确保管理层能够全面、合理地分析整体的财务状况；通过三维动态的方法，将管理层关心的各项指标都记录在管理座舱中，同时还能实时地在墙壁上进行操作，观察各项指标的相关性能。通过对指标名称、指标内容、指标表现形式等不同内容的分析，对指标的来源进行多层面的剖析；也可以设定自己的利润路径来源，将各个部门、项目的数据整合到相应的图标中；还可以按时间、部门、地区、类型等不同的条件进行多维度的归类和剖析。

在预算调整的基础上，进一步加大对信息化建设和应用的力度。企业要及时更新有关的预算内容，确保每月的信息系统中的连接项目都能达到最新的指标要求。在健全预算审批制度和建立指标数据库的基础上，重点突出预算编制的合理性和可操作性。企业也应进一步深化和运用已有的预算管理制度，在强化资料收集的同时，也能即时监控和分析预算的执行，确保年度、季度和月度的全面分析和汇总，使全面预算管理体系成为支撑企业整体经营的重要一环。

在建立财务共享中心的过程中，必须根据工作岗位，制定清晰、合理的计划，严格设定配置清单，明确分配权限。比如，有些会计工作人员的权限被限制在了系统和账户上，而管理层需要根据系统和账户的权限来制定更高级别的权限，然后再根据流程和等级来分配权限，根据业务流程和客户的更新来调整权限。

（二）数字化框架下财务人才队伍建设

近年来，随着计算机技术、通信技术的迅速发展，数字时代已经来临。数字时代的特点就是把资讯科技运用于人们的生活中，由于其开放、兼容、共享的特性，数字技术的发展对企业的财务管理方式产生了很大的影响，在这一阶段，企业的运营、投资、融资等各个环节都在不断发生着变化，并朝着数字化方向发展。随着我国财务管理学科的不断发展和进步，我国财务管理学科进入了一个新的时代，也给财务管理专业带来了新的机遇与挑战。人才永远是一个产业发展的内在动力，它决定着一个产业的兴盛。如何顺应时代潮流，探索新的财务人才培养模式已迫在眉睫。

1. 数字化时代下财务管理人才转型的必要性

目前，我国经济正在从快速发展向高质量发展转变，数字经济已成为国民经济的主要增长点。在很多企业中，数字化已经成为企业战略的核心，也是实现企业可持续发展的必然选择。数字技术的广泛运用是数字时代最重要的特征。而这种技术的运用，最大的挑战在于，懂得财务的人不懂得技术，懂得技术的人不懂财务，也就是说，传统的财务经理，不能适应数字时代对财务管理产生的影响。这就要求企业的财务管理人员不断学习新技术，进行业务转型，以适应新的财务管理需求。

同时，随着信息化的发展，传统的财会工作人员也面临着被大量淘汰的危险，而拥有数字技术的高级财会人才能够和公司一起成长。因此，数字化转型是财务经理要在这个领域站稳脚跟的唯一可行的方法。数字化转型必然会使传统的财务经营方式发生变化，新的财务功能会更加灵活、更加便捷，并借助数字技术进一步强化财务的深度管理。

在今后的发展中，我国的财务管理者要扮演更为多样化的角色，不仅限于基础财务管理工作，而且要将具有数据分析、数字决策、预测和战略规划等高端功能应用到企业的财务管理中。这意味着，财务工作者会更多地参与到企业中，这就是"业与财"的结合。而这些都是传统财务经理所不能完成的，因此，财务数字化转型尤为重要。

2. 数字化时代财务人才培养的要点

由于传统的财务人才培养模式已无法适应信息化时代社会对财务人才的需求，因此，只有通过创新的方式来实现财务管理专业的快速发展。新的财务管理人才培养模式要做到以下方面。

（1）培养复合型人才。财务人员在企业中的作用日益突出，他们的决策常常会对公司的发展产生重大的影响。他们面对的工作已不再是复杂重复的日常事务，而是倾向于集中分析、规划决策。由于财务管理的重要性日益凸显，对财务管理人员的需求也日益增加。这就需要一名优秀的财务管理人员，既要精通财务、会计等基础理论，又要具备数据分析、财务工具运用、计算机、大数据等专业技术的应用能力。

（2）开设智能财务专业。随着科技的发展，财务管理工作发生了翻天覆地的变化，许多企业都在使用一种崭新的、智能化的财务管理系统，而不懂得智能财务管理系统，就不能有效地运用它来解决问题，那么，这些财务管理人才就会被行业所淘汰。为顺应产业发展趋势，适应社会对人才和技术的需要，高校应设置智能财务专业，使学生在进入职业生涯前就能了解和应用其知识。这种财务人才正是数字时代社会所需要的。

（3）实践与理论并举。只有将财务与业务结合起来，财务管理才能发挥最大的效益。然而，长期以来，我国企业在财务制度与业务之间存在脱节的问题，并未得到有效解决。这主要源于财务管理专业人员在理论知识上丰富，但实际操作能力不足。他们缺乏实践技能，导致脱离了企业的实际业务工作，无法解决实际问题。只有重视培养学生的实际操作能力，才能使他们的理论知识与实际操作能力相结合，从而实现企业的业务与财务的一体化发展。

（4）改进考评机制。考核制度是衡量财务人才素质的重要依据。衡量的指标是其专业水准的直接反映。在不同的评价体系下，评价的标准也是不同的，所以评价的结果也是千差万别的。从一定意义上来说，评价体系关注的是考试内容，而财务管理人员关注的则是学习的内容。在数字时代，以理论笔试为主的传统考核方式，已无法全面反映财务管理人员的实际能力，因此，应将实务能力、分析能力、对数字技术的掌握程度作为考核的重要标准，进而帮助财务管理人员更好地适应社会。

（5）培养国际化的综合素质。随着大数据技术在数字时代的运用，将对国际贸易产生更大的推动作用。与以往相比，财务人才将会更多地接触到国际间的业务，并将在世界范围内获得更大的发展空间。财务人才培养的大平台，既为财务人才提供了广阔的发展空间，也为财务人才的素质提出了更高的要求。因此，必须重视学生的国际化视野和对外语的熟练运用程度。财务专业人员的国际化综合素质将会使他们在国际事务中的应对能力得到显著的提高，同时也会使他们的眼界更加开阔、更加远大，从而帮助他们在国际市场上崭露头角。

四、数字化时代企业财务管理的保障

（一）创新企业财务管理的理念

"互联网和信息技术的飞速发展产生了大数据，其对全球经济发展而言，带来了极为深刻的变化。"[①] 在信息化时代不断发展的今天，企业的财务管理工作正处于一个新的阶段，要想发展企业财务管理工作必须加强财务管理理念的建设。

1. 树立企业可持续发展理念

从企业的观点来看，企业的可持续发展对于保持企业的活力和生命力具有重要的意义，这与企业的财务管理工作的指导思想密切相关，所以应该逐步将这种思想融入企业的教育和学习中，帮助企业更好地发展。

在企业的财务管理中，要把可持续发展理念贯穿于整个企业的经营与管理活动之中。在企业的经营管理中，要分清主次，从近期、中期、长期三个阶段，为企业的经营管理提供科学的发展策略。此外，企业的投资管理、收益分配与企业的财务管理观念也存在着一定的冲突，因此需要加强企业可持续发展理念的建设，帮助企业更好地实现企业财务管理的可持续发展。

2. 树立知识资本理念

人是企业发展和进步的基础，它取决于人的能动性和主动性，也取决于人所拥有的知识水平。在企业经营管理中，企业管理人员必须充分认识到知识对于企业的重要性，并把知识资本作为企业财务管理的核心内容，以实现企业价值的最大化。为了充分发挥其作用，企业的财务管理人员必须进行知识观念的革新，制定和完善公司的人才培养策略，使企业的知识不断更新与发展，从而使企业在知识资本的支持下，迅速提升竞争力。

3. 坚持效益为先理念

企业发展的根本目的是盈利，这也是企业财务管理工作开展的主要依据。为了使企业的利润最大化，财务管理人员必须树立"效益为先"的财务管理思想。

---

①张侠．大数据下的企业财务管理研究［J］．全国流通经济，2022（3）：75.

在企业的经营管理工作中，企业必须与众多的社会成员，如投资方、债权人、雇员等，建立良好的合作关系，这就要求对企业利益进行合理的配置，而利益的增长则是企业利益最大化的关键所在。这样，企业与社会上层的联系才能得以维持，避免企业关系的断裂对企业的持续发展造成一系列的问题，从而使企业的健康和持续发展成为可能。

4. 树立数字财务理念

随着互联网络经济的不断发展和进步，以电子商务为代表的网络经济已成为我国经济发展的一项重要内容，许多公司在坚持传统的实体经营模式下，也在积极探索电子商务领域，这就要求企业的财务管理人员必须学习相关的数字化财务理论，对其进行数字化财务实践研究，并建立起一套科学的财务管理理念。在数字化财务思想的基础上，企业的财务管理工作可以通过网络进行审计、采购、支付等活动，同时也可以利用网络对企业的财务状况进行实时监测，从而防止财务问题的发生。数字化财务思想的提出和实施，使传统的企业财务管理工作得到了拓展，同时也使企业的财务管理水平和质量得到了进一步提升，为企业进入全球化市场奠定了基础。

在数字化经济时代，企业财务管理观念发生了重大变化，逐渐从核算管控型转向了服务支撑型。

核算管控型，主要反映的是对会计职能的核算和管控的响应，这种传统的财务管理模式与目前的财务发展现状有很大的不同，简单的核算型并不能反映企业的竞争意识，仅仅将其看作一种简单的工作，而忽略了财务管理职能的作用；单纯的核算管控型，在不同的经营主体之间，容易出现错误；简单的核算管控型，更注重对企业的财务和运营状况进行评估，以会计核算为主要目的。

服务支撑型，不仅包括财务管理的核算管控，也包含了财务职能的管理思想，它要求对来自财务的信息进行逻辑性的处理（包括分析、归纳、总结），并要求参与到企业的经营管理中，从而能够有效地对公司的发展和现实的财务状况进行风险控制，为公司的发展做出正确的决策，充分体现出一种新的服务支撑新理念。

在当今世界经济发展的大环境下，增强企业的财务管理观念是增强企业竞争力、增强企业在国际竞争中的可持续发展的重要手段。因此，要加强企业财务管理理念的建设。与此同时，企业财务管理也需要创新理念的建设，企业的财务管理工作在不断地进行，财务决策的准确性也在不断地提升，为我国企业的发展提供了有利的环境。

（二）建立风险管理框架

1. 数字化时代企业财务风险管理的意义

企业管理涉及各个方面，而财务风险管理是企业管理中最重要的一环。财务风险管理的运作与运转需要得到财政的支持，因此需要建立一个稳定、有条理的管理体系。在企业面临市场乃至全球经济风险时，财务风险管理至关重要，因为它能将企业的损失降至最低，确保公司的正常运转。同时，公司的良好运作对员工来说也是一种保护，关系到国家的民生。在数字经济转型时代，做好企业风险管理的策划和创新变得尤为重要。

工业数字化转型已成为传统工业发展的必然趋势，已经成为技术和经济发展的基本推动力。在数字化时代，对企业财务工作提出了更高的需求和新的机遇。要抓住数字化转型的新机遇，提高财务风险数字化管理水平，实现业务和财务的有效整合，实施精细化管理，培育企业的核心竞争优势，使企业的财务管理在数字化转型中发挥更大的价值。

2. 数字化时代企业财务风险的衡量指标

财务风险指数是从长期的角度出发，通过建立一系列的指标来分析企业的财务风险，从而预测企业存在的财务风险问题，包括隐藏的财务风险问题。财务风险指标设置的目的是更好地预测风险，根据财务数据进行风险预测，降低风险或者发现潜在的危险问题，这样才能更好地控制风险，从而降低财务风险带来的危害。主要的财务风险控制指标如下。

（1）偿债能力。偿债能力的衡量指标包括流动比率、速动比率、资产负债率。国际上一般认为合理的最低流动比率为2，速动比率为1，资产负债率为40％～60％。如果流动率很低，就表示公司的资金周转能力很弱，同时也反映出公司的资金流动性不强，从而会对公司的盈利产生不利的影响。相对于流动比率，速动比率能够更直接地反映公司短期的负债能力，作为流动比率的补充，高的流动比率并不能充分说明公司的短期偿债能力，但通过速动比率可以在某种程度上规避这些风险，保证公司的决策的正确性。资产负债率反映了债权人为公司提供的资本所占的比重，也是衡量公司利用债权人提供的资金进行业务活动的能力。

（2）盈利能力。运营公司最看重的就是赢利，它的主要衡量指标是收入增长、基本每股收益以及销售净利率。公司可以从收入的增长中看到收入的波动，这样财务管理人员就可以直接知道收入的变化情况，而每股基本盈利可以让公司看到公司的营运业绩，也可以用来衡量普通股的盈利水平和风险，也可以选择使用销售净利率来观察销售收入的收益水平。

（3）营运能力。企业的财务风险并不只是资金方面的问题，它还涉及业务的运转情况，因此，可以采用应收账款周转率和总资产周转率等指标来衡量公司的运营能力。应收账款的周转率可以反映公司的现金流量，如果公司能够快速地回笼资金，那么公司的资金利用就会更加有效，公司的营运效率也会更高，而总资产周转率就是一种度量公司的资产规模与销售额的比率，如果公司发现资产的周转率在不断降低，那有可能是因为公司规模扩大导致公司资金匮乏，这时候就应该缩小投资，提高公司的投资能力和销售能力。

（4）财务杠杆系数。财务杠杆系数是普通股每股收益变动率和息税前利润变化率的比率，公司的财务风险程度大小与公司的财务杠杆系数有关，一般情况下，公司的财务杠杆系数越高，公司的财务杠杆效应就会越大，而公司的财务风险就会越大。企业可以通过合理的资金配置，有效地控制财务杠杆，降低财务风险。

3．数字化时代企业财务风险管理的策略

（1）建立财务风险数字化管理体系。财务风险的潜伏期比较长，所以公司的管理者很难发现，也很难处理，再加上公司的规模太小，很容易被财务风险压倒，很多小的财务风险都会随着时间的推移而逐渐演变成无法控制的大问题，甚至会导致公司倒闭。企业数字化转型，有利于对财务数据进行采集、处理和分析，事前预算控制可以提高财务风险管理的准确性。因此，企业应通过构建数字财务风险管理系统，实现财务管理从核算到价值方向的转变，加强对财务管理的全过程控制，有效地挖掘数据的价值，及时发现和识别财务风险，并通过数据分析，制定最优的防范措施，以减少财务损失，保障公司利益最大化。

（2）打造信息沟通融合的财务系统。在过去的企业经营模式中，工作、业务数据与财务数据之间存在一定的不一致性，导致整个运营系统复杂且低效，同时也因缺乏有效沟通而引发财务危机。这个问题的根源在于，企业的业务数据无法通过信息化渠道输入财务管理系统，而是分散在各个单位，缺乏及时高效的数据信息沟通和交流。仅仅按照常规程序进行简单的信息交流，导致数据传输速度缓慢，容易出现数据错误。在制定下一步计划和结账过程中，只能依靠财务部门的审计和分析进行评估，而实际交易和收入往往被篡改，失去真实性。当外部因素介入干涉时，系统会出现畸变和工作效率降低。通过统一企业的运营和管理，可以减少运营费用，提高工作效益，同时防止数据传输过程中的扭曲情况。

在当前快速发展的信息化时代，财务管理数字化转型的最大优势之一是促进资源共享。资源共享能够实现各个部门之间快捷、准确的数据连接，并使总部与下属子公司之间的沟通更迅速、便捷，有利于企业的经营。同时，资源共享也能确保财务数据的真实性，降低数据传输过程中引发的数据失真风险。

（3）创新财务部门人力资源布局。在传统的企业运营模式中，财务从业人员的主要任务是搜集数据和相关信息，然后根据各自的工作内容进行分析。然而，这种单一的工作方式无法准确把握公司的发展方向，也不能对市场动态进行及时的分析和调整。因此，在数据化经济飞速发展的时代，财务部门不仅要做好数据采集工作，还要审时度势地对公司的运营进行评估。通过综合统计财务数据，判断公司是否出现有利的发展趋势。在对财务工作人员的评价中，常常将其所涉及的行业纳入评估因素之中。因此，在适当的职位上合理安排专业人才显得尤为重要。在数字经济社会的转型时期，财务从业人员不仅需要具备基本的职业技能，还要能够审查企业各个方面的数据，并能够及时高效地评估所掌握的信息。

此外，公司内的其他员工也需要具备财务分析能力和长远的发展眼光。他们应该站在自己的位置上，剖析公司的财务状况，提高工作效率，并与相关单位进行合理的协作。他们应该预测未来的发展趋势，及时高效地提供意见，挖掘数据的价值，从而在公司整体竞争中获得优势。因此，在招聘员工时，应从内部选拔专业的财务经理，加强公司内部的培训，经常性地评估员工的观察和分析能力，并引入高级的管理制度和优秀的领导层。将信息技术与财务管理有机地融合起来，以增强公司的财务风险防范能力，使公司走上健康发展之路。

第三节　数字化背景下企业运营模式

一、运营管理模式的认知

运营管理是企业计划、组织、实施和控制运营流程的总称，涵盖产品生产和服务创新的各种管理工作。在这一领域，运营管理模式成为经营管理的关键方法，通过协调技术、财务、人力资源、营销等多个业务领域，形成协调的管理与运作机制。这种综合性的管理方式有助于企业提高生产效率、优化资源配置，并在市场竞争中获得竞争优势。通过有效的运营管理，企业能够更好地适应市场需求，确保生产和服务的质量，实现可持续的发展。

根据运营管理发展历程，依据其采用的工具手段和关注重点的不同分为以下 4 种运营管理模式。

第一，标准化运营管理模式。作为最早形成的管理模式之一，其聚焦于标准化生产，核心关切点在于企业生产成本。其理论基础主要建立在标准化生产方式、科学化管理原理以及甘特图等技术上。这一模式在管理领域的演进中占据了重要地位，为企业提供了一套有力的工具和原则，以便有效地控制和规范生产过程。

第二，全面质量运营管理模式。相较于标准化运营，其更加强调全面质量管理。该模式追求通过对企业全流程全要素的精细管控来实现精益生产。其理论基础主要根植于全面质量管理和 ISO9000 认证体系，为企业提供了一种更加全面、系统化的管理方式。这一理念在 20 世纪末开始广泛应用，为企业在质量方面取得长足进步提供了有力支持。

第三，信息化运营管理模式。信息化运营管理模式的崛起与企业经营管理效率的提升密切相关。该模式通过将信息化技术与业务过程融合与再造，侧重于以信息化技术和专业领域服务为主。其起步于 20 世纪末，随着技术的不断进步，逐渐演进为一个综合性的管理模式。信息化运营管理模式将信息技术与管理实践相结合，为企业提供了高效的管理手段。

第四，数字化运营管理模式。数字化运营管理模式是在信息技术升级的背景下发展而来。特别是随着人工智能、大数据和区块链等技术的兴起，数字化运营管理模式成为当今企业管理的重要趋势。该模式包括数据中台技术、业务中台技术，以数据驱动企业内部资源共享、协同调度，同时对外构建企业生态。这一模式在 2015 年互联网公司数据中台建立的浪潮中兴起，为企业提供了更智能、更灵活的管理方式，有效推动了企业的创新和发展。

随着新一代信息技术的不断发展，数字化运营管理成为企业发展的新趋势。企业需要在生产、运营、管理、营销和服务的各个环节实现全面数字化。在数字化运营管理模式中，企业必须重新思考组织模式、业务模式、管理模式，以数据驱动构建企业运营管理体系。这不仅有助于推动管理变革，更能够促进业务重构和商业创新。数字化运营管理通过高效利用大数据、人工智能和其他先进技术，提高了企业的反应速度和决策效率，为企业在快速变化的市场环境中保持竞争力提供了有力支持。通过数字化转型，企业能够更灵活地应对市场变化，满足客户需求，实现可持续发展。

二、企业运行模式的理论基础

（一）组织结构理论

在企业领域，组织结构的核心目标是实现企业的战略目标。这一基本理念体现在动态职责合作架构中，其中包括职务、权力、责任、管理等要素的协同运作。随着公司运作发展战略的变化，管理组织结构也需要做出相应调整以适应新的业务环境。企业的运作策略在很大程度上决定了组织的选择和设计，而项目型、职能型和矩阵型等常见组织结构在不同场景下展现出各自的优势与劣势。

第一，项目型组织结构。项目型组织结构以项目目标为基础，结构单一、目标明确、权责分明、沟通简便。这使得统一指挥和信息收集变得便捷。然而，随之而来的问题是较大的劳动力管理成本。另外，由于封闭的项目环境，跨层级、跨部门沟通和技术共享受到限制，导致员工缺乏归属感，这使得项目型组织在推动跨部门合作和创新方面面临一定的挑战。

第二，职能型组织结构。职能型组织结构的直线沟通模式使得职责和权限得以明确，项目组织灵活，资源消耗较少。这带来了低运营成本等优势。然而，这也带来了一个问题，即公司项目经理职权的弱化。另外，组织横向发展联系薄弱，部门协调难度大，利益狭隘，导致项目推动力不足。因此，职能型组织结构在项目推动和协同方面存在一些限制。

第三，矩阵型组织结构。项目经理在这种结构中拥有较大的控制权，能够清晰地掌控工程目标，最大限度地利用公司资源。这种结构通过提高项目经理对资源的控制，实现了跨职能的协调与合作。矩阵型组织也面临一些问题，如资源分配与项目优先次序冲突、维持权利平衡难以平衡、监控和控制困难等。这些挑战使得矩阵型组织结构需要更为精细的管理和调整，以确保其高效运作。

（二）流程再造理论

企业流程再造理论的萌芽可以追溯到 20 世纪 80 年代末。该理论的核心思想在于通过根本性地优化业务流程，实现管理效益和灵活性的提升。这一理论追求将传统的直线功能结构转变为更为高效的并行网络结构，强调重新设计和优化业务流程，以打破传统的组织结构和功能划分。企业通过流程再造理论的实施，能够更好地适应市场需求，提高生产效率，实现全方位的管理创新。

三、数字化背景下企业运营管理模式的优化

在数字化的时代背景下，企业运营管理的优化变得尤为重要。这涉及庞大而复杂的系统工作，包括组织管理、信息系统、业务管理、人才团队、绩效考核等多个方面。数字化运营管理的目标是实现资源的有效配置和业务的高效运转。为达成这一目标，企业需要推动组织结构的调整、业务的重构以及管理制度的变革，以实现信息技术与业务管理的深度融合。这一过程不仅仅是技术层面的变革，更是对企业整体战略的重新塑造，以适应数字时代的潮流。

（一）引入数字化运营组织管理体系

1. 组建数字化专家委员会，规划管理体系

为了加强企业的组织领导和对企业管理层的指导，并优化数字化运营管

理，企业应进行一系列的组织结构调整。企业增设一个名为"数字化专家委员会"的机构，该委员会的成员包括总经理、副总经理、总经理助理、总工程师、总会计师、各部门经理以及外部顾问专家。数字化专家委员会的职责主要包括统筹、协调和指导企业数字化运营管理模式的优化建设。通过与外部顾问专家和内部管理层的合作，委员会将不断优化企业的管理组织体系，以适应不断变化的商业环境。这一调整旨在加强数字化组织的协调和建设能力，为企业未来的数字化发展打下坚实基础。为了更好地实现数字化运营管理模式的优化协调，企业还应考虑在数字化专家委员会下设立企业信息管理职位。该职位将负责统筹数字化运营管理模式的协调工作，推动信息系统的应用，管理信息中心并调整人才结构等方面。这一举措旨在进一步强化数字化组织的协同作战和管理能力，以更好地应对数字化时代的挑战。与此同时，企业还应对信息中心进行升级，以更好地支持数字化运营管理。提升信息中心的职能，使其负责数字化信息化系统的开发和业务技术支持等工作，以实现公司业务、资源、人力和数据的统一管理与资源调度，这将有助于提高公司在数字化时代的竞争力，确保信息的高效流动和充分利用。

为了进一步优化运营管理组织体系，公司将引入更符合企业运营决策管理模式的组织结构。通过强化保障措施，减少经营管理成本，企业旨在实现最小成本、最大资源配置的目标。这一步骤将使企业更加灵活、高效，并能够更好地适应市场的变化，为企业的长期发展奠定坚实基础。

2. 重铸管理层的数字化管理理念

在数字化运营管理模式的优化过程中，不仅需要关注技术的发展，更需要在组织层面建立符合数字时代需求的管理思维方式。随着数字经济的迅猛发展，企业管理层必须及时调整自身意识形态，积极拥抱数字化，并将数字化理念贯穿于企业的整个运营过程。

为了提升员工的数字化思维，管理层应采取多方面的措施。通过知识培训和外部顾问的协助，公司致力于升级全体员工的数字化思维意识，使其更好地适应数字时代的挑战。同时，创造新型的数字化管理企业文化氛围，有助于打破传统思维的惯性，促使员工更积极地参与数字化转型。

在运营决策管理模式方面，企业从经验决策向数据决策的转变是关键一步。通过建立数字化管理思维，管理层要求团队依托数据提升效率，用数据提高管理效能，从而提升企业整体经营管理水平，推动运营决策的智能化发展。

战略管理规划与执行在数字化企业发展中扮演着重要的角色。面对数字技术和经济社会一体化的挑战，企业认识到战略管理规划与执行是长期指导文件，也是数字化企业发展的基石。为了更好地应对未来的挑战，企业应围绕新模式、新业态、新竞争，以数字化理念强化前瞻性顶层设计，明确未来数字化战略目标。

任务推进和问题解决成为数字化运营管理模式优化的关键环节。企业根据行业特点提出具体的任务书、时间表和路线图，以确保思想一致、目标一致。同时，企业积极推进解决数字化运营管理模式存在的问题，确保数字化转型的平稳进行，不受制约因素的过多干扰。

（二）创新运营管理模式流程与系统架构

1. 数字技术重塑运营管理流程

在数字化运营管理模式下，企业迫切需要脱离单向刚性的生产经营管理流程，转向更灵活、反应度更高的运营管理流程。为了实现这一目标，企业应采用大数据和数字技术，全面采集各事业部和内部各职能部门的信息数据流，同时统一汇聚市场收集的风险事件数据，从而构建一套强大的数字化运营平台。

通过数字运营管理平台的数据共享机制，企业实现了市场预警、竞争预测和风险评估分析的即时反馈，通过将这些信息直观可视化地展示给企业管理层，为其提供了决策分析的依据。这一创新性的平台使得企业能够更加敏捷地应对市场的变化，提高决策的准确性和效率。

在这个数字运营管理平台的基础上，各事业部能够依托数据分析定制化服务，满足政府客户和企业不同的需求，从而强化领导管理，提升业务管理能力。通过精准的数据分析，企业能够更好地理解市场和客户的需求，为其提供更有针对性的服务，进一步提升客户满意度。

构建数字运营管理新流程也使得企业能够实现对企业生产运营全过程的

跟踪管理，及时发现业务异常并采取管控措施。这种全方位、全量、精细化的管理方式有助于企业更好地应对市场的不确定性，确保生产过程的高效运转，提升整体运营效益。

通过数字运营管理的创新，企业不仅能够在对内管理方面取得显著成效，还能够对客户产生积极影响。这种主动应对市场竞争的态势能够帮助企业提升客户服务水平，挖掘新的客户盈利价值，从而促进公司数字化升级可持续发展。数字化运营管理不仅是一种内在的管理优化，更是推动企业在市场中立于不败之地的重要工具。

2. 数据平台推动部门信息与资源共享

在提升企业数据获取效率方面，企业应采取整体思路，以信息集成、标准一致、平台统一为原则，通过规划和布局信息系统，构建整体信息系统架构图。这一举措旨在优化数据流程，确保信息的高效传递和整合，提高企业数据获取的效率。同时，为了更好地实现数字化运营，公司着手构建数字化运营平台。利用公司私有云技术平台，成功集成事业部和职能部门的各领域数据资源，实现高质量的集成和统一融合。这不仅推进了业务流程的贯通，还促进了跨部门协同，从而有效地提高了管理效率。

在数字化运营平台的框架下，企业应进一步建立后台系统支持。根据业务、经营、人才、项目、绩效等管理需求，建立业务协同系统、人才管理系统、项目管理系统等后台系统。这一系列系统的建立实现了数字化、标准化、规范化运营管理，为企业的各项业务提供了坚实的后台支持。

数据管理和利用成为企业数字化运营的关键一环。通过实现数据的归集、共享、治理、分析和综合应用，企业能够更加有效地管理和利用数字化信息流、工作流和资金流，从而为企业的决策提供更为可靠的数据基础。

服务于各层级是企业数字化运营的又一目标。通过办公电脑、移动公众号、网站等前台方式，企业为企业领导、职能部门、各事业部和客户群提供科学化、精细化、智能化的数据支持。这种前台服务的科学性和智能性有助于推动企业运营管理模式的优质运作。

企业的数字化运营模式实现了智慧化管理。通过为企业管理人员的决策提供支持，以及为内外部客户的沟通提供统一切入点，企业成功推动了运营管理模式的智慧化管理。这一战略不仅提高了企业的竞争力，还为企业未来的发展奠定了坚实的基础。

（三）加强核心业务管控以及业务营销调节

1. 完善核心与重点业务的资源管控

在政府数字化改革蓬勃推进的当下，视频数据在社会治理中的应用需求逐渐呈现增长趋势。在这一背景下，某公司决定设立视频事业部，专注于技术研究，以满足市场需求。然而，公司当前的发展模式存在一定的狭隘性，主要集中在技术领域，却忽视了对外部政策变化的深入研究。

为了更好地适应数字时代的发展，企业需要以数字技术为核心，围绕其发展市场。为此，建议企业设立数字化专家委员会，负责系统研究数字政策的变化以及业务经营模式的调整。这样的委员会将为公司提供政策层面上的前瞻性信息，以更灵活地调整业务策略。

在业务运营方面，企业可以通过利用数字化运营管理平台，实现重点业务计划、资源调度、项目执行和财务指标的高效衔接和协同。通过这一平台，公司能够迅速响应市场变化，提高决策效率。同时，通过模型化和图形化手段，对销售、研发、运维等项目业务环节进行实时监测和优化，从而更好地把握业务发展的方向和效益。

在人力和物质资源的管控，企业应当充分利用系统数据和项目进度。通过跨部门组织管理团队，实现资源整体化的优化。这种全面的资源管理方式将有助于提高效率和效益，确保企业在数字化时代能够更具竞争力。

2. 拓宽业务营销市场管理调节手段

在解决企业客户信息需求规范不足、无法基于多样化用户数据提供精确服务的问题方面，首要的任务是建立一个健全的客户需求管理系统。通过这个系统，企业可以逐步发展其数据收集能力，从而精准刻画客户需求，挖掘潜在需求。这不仅有助于提高客户服务的准确性，还能够为企业提供深入了解客户行为和偏好的机会。

大数据技术在这个过程中扮演着关键角色，通过对企业业务的深入分析，企业可以更好地了解客户需求，为顾客提供不同的产品选择，同时拓宽业务市场。对于新客户、老客户以及合作客户，企业可以通过数据挖掘来确认目标客户，并采用不同的营销手段实现精益管理，提高客户满意度和忠诚度。

为了更有针对性地满足客户需求，企业还需要制定针对不同客户需求的业务策略。这些策略的核心目标是提升客户体验，确保客户在与企业互动的每个阶段都感到满意。对于新客户和潜在客户，企业可以通过整合渠道信息挖掘用户需求，提供定制化、个性化、专业化的服务，从而扩大新客户市场。

对于老客户，企业需要转变为用户体验驱动的发展方式。通过利用数据了解业务动态，企业可以更好地了解老客户的需求和期望，寻找核心业务突破点，挖掘市场机遇。这种转变不仅有助于维护老客户的忠诚度，还能够为企业开拓更广阔的市场。

（四）重视项目过程的透明与交互

1. 优化项目管理与资源配置

在国内，数字经济的发展一直在不断演变，主要受到数字技术的持续迭代推动。在这一发展趋势中，产品生态链的核心正在从内部数据向多源开放转变，以实现大数据的多样性和满足高质量业务需求。在这个背景下，组织级项目管理体系成为未来项目运作的主要形式。企业项目运营也需从传统的部门管理方式向更灵活的项目组合和项目群管理体制过渡，以实现资源整合和业务优化的目标。

为了适应这一趋势，企业需要在建立项目经营管理机制和监督的基础上，简化管理流程。这包括加强项目经理的授权，集中资源，并优化运营管理模式。通过这些措施，企业可以降低资源配置成本，并通过加强项目内部信息交流提高效率。这种以项目为中心的管理方式有助于更好地适应数字经济的要求。同时，企业应该深刻把握数字化发展带来的机会和挑战，提前部署项目需求。围绕数字经济、数字社会、数字政府等重点领域，企业应积极拓展新技术、新产品、新业态、新模式的业务应用能力，这包括加强企业在大数据与人工智能领域的研发和资源配置，以提升数字化运营的核心竞争力。只有不断更新技术以适应新形势，企业才能在数字经济时代中保持竞争力，实现长期的可持续发展。

2. 规范项目研发管理，提升研发能力

在企业发展过程中，项目管理系统的应用至关重要。为适应项目执行的发展特点，企业应借助项目管理系统，明确项目分类和项目等级，并通过优化评估产品设计研发过程要素指标，提高项目执行的有效性和效率。这一步骤有助于确保企业在项目推进中更好地适应市场变化和需求波动。同时，为了更好地管理研发信息，企业需要建立起完善的研发信息管理系统。通过强化工程项目的标准化、制度化、规范化过程管理，企业可以实现总体产品研发过程的可视化、测量和追溯。这种全面的管理方法有助于确保企业对项目开发进度的可控性，为决策提供更为准确的数据支持。

研发信息管理系统不仅仅在研发部门发挥作用，其他部门也可从中汲取宝贵经验。通过总结和分析新业务市场需求的共性和差异性，其他部门能够更好地支持应用程序产品的迭代升级，提升整体运营管理效率。这种协同合作的方式有助于实现企业各部门间的信息共享和协同创新。

在面对研发人员不懂业务的问题时，企业可考虑引入产品经理职位。产品经理将承担了解用户需求、定义产品特性等任务，确保用户需求能够及时反馈给研发团队。通过监督产品研发质量，产品经理有助于提高公司的竞争能力，实现可持续发展。这一角色的引入有助于弥合业务和技术之间的沟通障碍，推动企业在竞争激烈的市场中更好地脱颖而出。

3. 加强实施项目需求管理，更新需求渠道

在企业项目管理中，存在一系列问题，其中最突出的是未能有效整合项目开发、实施和运维过程，这导致企业未能充分归纳客户需求，也没有提前进行必要的技术储备，最终影响了项目的按时完成和利润实现。为了解决这一问题，企业采用了数字化运营管理平台，并通过项目管理系统对项目进行分类管理。在这一系统中，客户需求得以细分并集成到一个版本中，实现了更加系统和全面的管理。

利用大数据技术，企业能够从项目计划、进度、成本、质量、风险等多个方面跟踪项目的整个生命周期。这种全生命周期分析的方法有助于避免客户需求分散导致研发投入过度分散的问题，提高了项目管理的效率和质量。通过数字化运营管理平台，企业建立了完整的项目管理监控体系，能够实时

报告和跟踪客户需求，以及客户业务系统的动态需求。这使得企业能够更加及时地了解客户需求，从而加快研发速度，迅速响应用户需求，并拓展新市场，形成可持续的运营管理模式。在加快研发的同时，企业应明确对于重点领域和客户的发展策略。在这些重点领域和客户中，企业将重点发展业务模式，以减少资源浪费，优化项目过程，并获取最大化的市场资源。

（五）数字赋能人才团队梯队培养建设

1. 制定清晰的人才激励流程规范

在提升企业运营效能的过程中，制定清晰的人才激励流程规范是关键一环。数字化运营平台数据成为构建这一规范的基石，为企业建立了健全的人才激励体系。此规范不仅包括基本的工资和职务晋升方案，还通过细化阶段性目标、责任分工、人员职责等要素，科学分类管理不同层级的人才。为确保激励的全面性和可操作性，依托人才管理系统，企业制定了详尽可行的激励指标体系。特别值得注意的是，在跨部门、跨层级项目组中，企业关注激励机制的细节，以确保激励措施能够更有针对性地提高客户满意度并实现责任结果导向的效果。

2. 完善团队人员数字能力的培训

为了适应数字化运营的发展趋势，企业进一步完善了团队人员的数字能力培训。在技术不断更新迭代的环境下，企业应成立数字化专家委员会，可聘请外部专家为领导层和运营团队提供专业培训。这一举措旨在提升企业整体数字化运营管理的知识水平和实践能力，确保团队能够灵活应对不断变化的数字环境。同时，企业应通过利用大数据和人工智能核心技术，积极探索组建数字化生态链合作伙伴，通过合作学习实现专业的研发生产。目标是以数据驱动决策、业务协同移动化、产品服务创新、供应链生态化为基础，优化运营管理模式，提高管理效益，降低经营、研发和管理费用，确保企业在数字化浪潮中保持竞争力。

3. 强化数字复合型人才培养

随着数字化技术在各行各业全面渗透，企业深刻认识到适应未来数字化运营管理模式的紧迫性。为了应对这一挑战，企业应积极与高校展开合作，共同成立相关工作站，构建数字化人才输送渠道。通过点对点的高校招聘，企业努力吸引更多优秀的数字化人才加入。为了提升内部员工的数字化技能水平，企业还应在数字化专家委员会的指导下，设立了内部数字化人才培养基地。在此基础上，制定既包括短期又包括长期的人才培养战略体系，包括建立数字化人才集训营和定期召开经验交流会，以确保员工在数字领域保持领先水平。

（六）完善企业绩效考核评价机制

只有建立起合理可行的企业绩效考核评价机制和相关系统，通过持续的业务和能力的考核，实现奖优汰劣，才能保持企业的持久活力。

1. 构建科学合理的运营管理指标体系

企业应深入分析运营管理模式存在的问题，特别是在经营财务、客户服务、项目管理和人才流失等方面。为了更准确地评估绩效，企业应对绩效考核内容进行优化，细分财务管理、客户服务、运营和学习发展等方面的指标。通过这一过程，企业建立了科学可行的运营管理评估指标体系，包括将部门预算控制、协作满意度、年度经营计划达成率等八大指标纳入考核体系。并且，企业应不断对评估指标进行优化，以确保这一体系能够全面、精准地反映企业的运营管理的实际状况。

2. 建立绩效考核评价考核系统

为了有效应用运营管理指标体系，企业可采用数据评价方法对相关人员的业绩进行客观评价。通过数字化运营管理平台的数据共享，企业可建立绩效考核评价考核系统，实现对干部的检查、监督和考核。与此同时，企业应根据数字化发展的要求，采用定性和定量方法，通过日常考核和座谈评议相结合的方式进行评议。这一系统旨在帮助员工发现自身的差距，增强企业的凝聚力，实现总体效益的持续提升。通过这样全面而系统的方法，企业可确保数字化人才的培养、运营管理的科学性以及绩效考核的客观性，为未来的发展奠定坚实的基础。

第四节　数字化背景下企业网络营销对策

网络营销是一门新兴学科，尽管目前对其并没有完整、统一的定义，但它在商业世界中正日益崭露头角。网络营销作为一种策略活动，企业利用网络来宣传品牌、营销商品或服务，旨在吸引消费者进入目标网站并促使他们购买商品或服务。它的本质在于以互联网媒体为基础，通过整合其他媒体工具，并运用互联网的特性和理念来实施营销活动，以更有效地推动品牌的延伸，并促成个人和组织之间的交易活动。

网络营销建立在互联网的基础之上，它借助互联网的力量满足消费者的需求，为他们创造价值。与传统营销方法相比，网络营销不仅仅局限于特定的方法或平台，而是一个综合性的概念，包括规划、实施、运营和管理等多个方面，贯穿于企业开展网络活动的整个过程。

在网络营销中，品牌宣传是至关重要的一环。企业通过网络媒体，如社交媒体、博客、论坛等，传播品牌信息，增强品牌知名度。同时，借助搜索引擎优化（SEO）和搜索引擎营销（SEM）等技术手段，企业能够提高在搜索引擎中的排名，增加网站的曝光度，从而吸引更多潜在客户。另外，网络营销还涉及数据分析和市场研究。通过收集和分析用户行为数据、市场趋势和竞争情报，企业能够更好地了解目标受众和市场需求，制定更准确的营销策略和决策。数据分析还可以帮助企业评估营销活动的效果，进行优化和改进。

在网络营销过程中，企业需要进行规划、实施、运营和管理等工作。规划阶段包括确定目标受众、制订营销策略和计划，并分配相应的资源。实施阶段涉及在各个平台上发布内容、展示广告、开展促销活动等。运营阶段包括监测和管理营销活动的效果，进行数据分析，进行调整和优化等。管理阶段涉及团队的管理、预算的控制、合作伙伴的管理等。

一、数字经济背景下企业网络营销新机遇

（一）政策扶持

我国政府多次强调发展网络强国战略，制定了数字经济发展战略，并积

极倡导打造数字经济优势。政府在制定数字经济政策时明确指出，将在信息技术的基础上稳步推进"互联网＋"新业态发展，结合当前我国消费市场的发展趋势，实现产业与消费的有机融合，以推动网络营销新业态的发展和完善。

政策的扶持为数字经济发展提供了强有力的政治保障，为企业开展网络营销创造了良好的外部环境。政府的支持意味着企业可以享受到政策优惠，如税收减免、创业金融支持等，同时企业还可以得到政府资源的倾斜和政策指导，帮助它们更好地拓展网络营销渠道和市场。

基于政策的扶持，企业应该紧抓时代机遇，积极整合企业内外部资源，制定并实施有效的网络营销策略，以提高企业的综合实力和市场竞争力。

（二）经济支撑

目前，我国经济整体保持稳定增长态势，为数字经济背景下不同行业的发展提供了高质量的经济保障。数字经济的快速崛起为企业提供了广阔的发展空间，并促进了新业态、新模式的涌现。在经济强有力的支撑下，企业应及时调整营销策略，满足数字经济时代的发展的需求。

随着互联网的普及和数字技术的快速发展，消费者对于个性化、便捷化和定制化的需求不断增加。传统营销方式难以满足这种变化的需求，而网络营销具有灵活性、互动性和个性化的特点，能够更好地满足消费者的需求。因此，在数字经济的支撑下，企业可以通过网络营销拓展市场，满足不断增长的消费需求。

（三）社会文化多样化发展

随着信息技术的发展，商业运作模式和消费方式都发生了巨大的变革。网络营销因其高效、便捷、直接、交互、信息无限等优点而受到消费者的喜爱。相比传统营销模式，网络营销丰富并完善了消费者的购买方式，弥补了传统模式的不足之处。消费市场的需求也变得日益多样化，随着社会经济的发展使得居民可支配收入的增加，消费者不再只注重产品的质量和数量，而更加追求产品和购物方式的个性化。

（四）科学技术推动

科学技术的进步推动了市场的发展，并为其注入了新的活力。在数字经济的背景下，商业运作模式发生了革命性的变化。传统的网络营销模式存在着购物顾虑问题，因为消费者无法亲身感受产品的质量，很容易产生疑虑。然而，随着人工智能（AI）技术和虚拟现实（VR）技术的不断进步，这些技术逐渐融入了网络营销模式中，满足了消费者对于在线购物体验的需求，减轻了他们的购物顾虑。

此外，科学技术的进步还改善了消费者的购物体验。传统实体店消费模式下，消费者可以即时获得购物成就感和愉悦感，而网络购物则难以做到这一点。然而，随着物流技术的迅速发展，消费者的这些需求得到了满足。此外，科学技术的进步还推动了交易方式的革新，为消费者提供了更多种类的结算方式，解决了传统交易方式单一化和局限性的问题。另外，信息安全技术的进步也给消费者带来了更安全的支付环境，减弱了他们对于网络支付安全性的担忧。

总之，信息技术的发展对于社会文化多样化的发展起到了巨大的推动作用。网络营销满足了消费者的个性化需求，科学技术的进步改善了购物体验和交易方式，增加了消费者的满意度。随着科技的不断发展，我们可以期待未来商业运作模式和消费方式的更大的创新和进步。

二、数字经济背景下企业网络营销的策略

（一）数字经济背景下的产品策略

在数字经济浪潮下，消费者需求正在经历显著的变革，呈现出日益多样化的趋势。在这个新的商业背景下，消费者不再仅仅是市场的被动参与者，而是成为产品价值的主体。这意味着企业需要转变营销观念，从以产品和企业为中心的传统理念转变为以消费者为中心的新兴战略。这一转变不仅涉及满足消费者的基本需求，还包括在产品设计和营销策略上更加注重个性化和定制化。

在核心产品层面，企业需要以直观的方式满足消费者的基本诉求。通过文字、图片、动画和视频等形式，企业能够更好地展示产品的基本效用，吸引消费者的注意力。同时，加强网络交易平台的搜索引擎功能，能够降低消费者在网络上检索信息的成本，提高其购物体验。

在有形产品层面，企业需要不断改良产品品质、改进款式、美化包装以及优化商标设计，以迎合消费者不断变化的喜好。在仓储、物流和配送等环节，加大服务力度，维护有形产品的完整性和确保质量。

在附加产品层面，提升售前、售中、售后服务水平是关键。满足消费者对咨询、结算、维修等方面的高要求，将附加产品作为产品竞争策略的有力手段，有助于企业获得长期的竞争优势。

心理产品层面同样至关重要。在数字经济时代，网络营销不仅需要提供基本信息，还需要精心构建企业的网络品牌形象。一个良好的品牌形象可以为企业带来更大的市场吸引力，强化品牌意识和观念。因此，企业在网络营销中需注重品牌形象的塑造，以建立与消费者的良好关系，促使消费者更愿意选择并信任企业的产品和服务。

(二) 数字经济背景下的价格策略

在市场环境中，企业作为独立的市场经济主体，其定价策略成为影响盈利与亏损的关键因素。价格的可控性在企业经营中占据着重要地位，直接决定着企业在竞争激烈的市场中的命运。尤其在消费市场中，产品价格可对消费者购买行为产生直接而深远的影响。顾客对产品的感知价值大小直接决定了购买的可能性，使得企业在制定价格策略时需审慎考虑市场反馈和消费者心理。

随着数字经济的发展，网络营销成为企业获取市场份额的重要手段。其低成本优势有效降低了固定资产投入，通过互联网实现即时信息更新更是降低了广告费用。这种情境下，网络营销不仅推动了企业实现无纸化办公，减少了办公及管理费用，同时也为企业提供了更为灵活的市场响应机制。

在制定定价策略时，企业可根据市场需求和竞争状况采用不同的方法。一方面，需求导向和竞争导向定价法可以帮助企业实施"薄利多销"策略，从而在规模经济上获得优势，保持成本领先。另一方面，结合市场调查和产品特点，企业也可以选择实行"厚利精销"策略，通过平衡顾客溢价与产品销量来实现盈利最大化。

（三）数字经济背景下的渠道策略

在数字经济的大潮中，网络营销模式发生了深刻的变革，打破了传统企业渠道建设规则。最显著的变化之一是提供了消费者高度便利性，成为网络购物的重要因素。这一变革带来了网络营销渠道建设的便利性原则的制定，其中包括缩短分销渠道中间商层次，降低产品流通成本。这一原则的实施不仅使企业更加灵活，同时也方便了市场信息的收集，使其能够更直接地切入终端市场。借助数据分析和大数据的优势，企业能够实现更为精准的营销，为市场竞争赢得主动。

除了便利性原则，网络营销模式的变革还涉及消除心理障碍与提升安全性的问题。通过嵌入人工智能技术和虚拟现实技术展示产品信息，企业能够更直观地呈现产品特点，从而消除消费者的疑虑。采用消费者容易接受的交易方式，如货到付款，并建立完善的退换货机制，进一步提高了消费者网络购物的安全感。同时，完善支付方式也是关键，以确保支付的安全性，从而增强消费者的信任度。

在网络营销模式的演进过程中，物流配送变得尤为重要。物流质量与速度成为企业网络交易平台运营水平的关键指标。解决购物愉悦感和成就感滞后等问题，需要企业投入更多的资源来提升物流服务的品质。这一方面能够满足消费者对高效配送的需求，另一方面也能够提升企业形象，为品牌建设赢得良好口碑。

为了更好地适应数字经济时代的网络营销模式，企业需要确保网络交易平台的功能完善。这不仅包括技术层面的支持，也需要与传统新型营销模式协调，促进它们的有机结合。企业可以选择自建网络营销平台或进驻第三方平台，以维持企业形象，并借助社交平台、短视频、直播带货等新模式为企业带来更大流量。通过线上线下全渠道发展策略，企业能够保证线下实体销售的流动性，通过线下带动线上，实现优势互补，从而实现全渠道发展。这种综合性的策略不仅有助于企业更好地适应数字经济环境，也能够更好地满足消费者多元化的购物需求。

（四）数字经济背景下的促销策略

促销作为企业 4P 营销策略的核心要素，在推动产品或服务销售方面发挥着关键作用。其主要目标在于通过巧妙的信息传播，激发潜在消费者的需求，引导其进行购买行为。促销活动不仅仅是简单的降价或优惠券发放，更是一种与消费者互动的渠道，通过沟通传递价值观念和品牌理念。这种双向沟通不仅可以提高销售量，还能够建立起牢固的品牌忠诚度。在数字经济的背景下，网络营销的要求更为迫切，需要具备更高的互动性和个性化，使得消费者在信息洪流中更容易接受并记住企业的促销信息。

在广告方面，企业应当全面优化其网络平台，提高用户界面的友好度，以便更好地吸引潜在消费者的关注。借助大数据分析，企业能够更准确地洞察消费者的需求和喜好，实现精准的广告投放，提高广告的点击率和转化率。此外，选择合适的广告代言人也是提升广告效果的重要因素之一。加强与消费者的互动，回应其关切，建立品牌与消费者之间的紧密联系，有助于维护品牌形象和增强影响力。在公共关系方面，保持与利益相关者的友好关系至关重要，同时积极与不同网络平台和实体店进行合作，以形成全方位的品牌曝光，树立企业的良好形象。

人员推销方面，企业需注重网络平台人工服务模块的建设，通过提供即时的问题解答和个性化服务，增强消费者对品牌的信任感。适度增加人力资源投入，培育网络营销人才，使其具备应对不同情境和挑战的能力。这样的投入将在满足消费者即时需求的同时，为企业的长远发展奠定基础。在销售促进方面，企业需要根据不同消费需求选择合适的促销工具和策略。通过综合运用优惠券、折扣促销、特价抢购、提前预售、团购等形式，企业可以更灵活地满足不同层次消费者的需求，同时要考虑成本费用和促销效果的平衡，确保企业在促销活动中取得可持续的利益。

第五章　数字经济时代企业数字化管理探索

第一节　人力资源管理的数字化转型

"人力资源是企业实现其他物化资源转换的重要基础。对于企业而言，最重要的就是人才，一旦掌握了人才，就等于掌握了企业的命脉。"[1] 数字化为我国提供了快速发展的机遇，推动了人力资源管理的发展，使人力资源管理数字化建立在坚实的实践基础上，人力资源的数字化管理正在成为这次浪潮的峰顶。

人力资源信息是重要的信息资源之一，深入开展人力资源工作需要量化的分析，需要建立模型对人力资源信息数据进行整理和挖掘，做出充分的分析与正确的决策，需要借助于信息系统。人力资源管理部门要改善其在组织内部的形象，提升人力资源管理的水准，提高员工满意度，需要通过自助服务或个性化服务，必须借助于信息系统。于是，人们运用信息技术进行人力资源信息的加工处理，借助信息系统进行综合分析与管理，实现信息资源的开发与共享。

一、数字化赋能人力资源管理创新的解析

数字化时代对人力资源管理产生的创新影响主要包括以下方面。

第一，人力资源管理理念。以往人力资源管理会将重心偏向于"管人"，通过硬性制度方式开展人事管理，以达到提高工作效率的目的。这种方式相对单一，且容易降低员工的积极性，无法真正实现对人才的优化配置。数字化的应用，可促进企业更新传统管理观念，在运营发展过程中更关注员工的

---

①李小秋．企业人力资源管理信息化改善策略［J］．现代商业，2020（27）：66.

实际需求，更能突出"以人为本"理念。这种情况下使得人力资源管理方法、管理模式更加多样化。

第二，人力资源管理运营。原有管理运营方式多数需由人工操作，工作量大，且容易出现管理失误问题，而借助大数据、人工智能等先进技术手段，能够对人力资源数据信息进行采集、整合和深入分析，有助于企业管理人员更好地了解内部资源的配置情况，以提高决策的有效性，提升人力资源管理水平。同时，在数字化时代，先进技术手段的运用能够对现有的人力资源管理流程、组织结构、运营方式进行优化完善，有效满足员工需求，提高员工满意度。

第三，人力资源管理方法。以往人力资源管理流程冗繁，且各个工作环节在开展过程中容易出现信息沟通不畅等问题，而数字化技术的应用能够提高各工作环节的联系性，将人才的选、用、育、评、留等环节有机连接。通过绘制人才画像、建立员工数据库、搭建线上管理服务平台、运行线上办公系统等方式提高人力资源管理工作整体开展效率。

第四，人力资源管理效能。人力资源效能主要体现在企业文化、员工满意度、业绩、工作氛围等多方面，而数字化技术的应用可对人力资源管理全过程进行优化，解决人力资源效能管理量化困难的问题，加大各类资源的整合力度，以提高人力资源管理效能的可视化效果，为企业发展过程创造更高价值和提供更多推力保障。

二、人力资源管理数字化转型的影响要素

（一）数字化人才

数字化人才是人力资源管理数字化转型过程中最关键、最基础的要素。一支具有数字化意识、数字化知识和数字化技能的信息技术人员队伍，能够为企业及客户提供数字化服务和数字化产品，进一步推动企业数字化转型。对于企业来说，数字化员工不同于其他普通员工，其不仅要具备基础的岗位工作能力，还要熟练掌握各种数字化技术，在数字化平台支撑下，和企业员工及客户进行信息交流，同时还能借助信息化技术分析企业发展中存在的问

题，并进行相应调整，以推动企业可持续发展。

（二）数字化管理

数字化管理是人力资源管理数字化转型的重要保障，能为企业人力资源管理的数字化转型提供依据和制度保障。当下，很多企业已经认识到人力资源管理数字化转型的重要性，并且在搭建数字化、网格化的管理平台等方面做了大量工作，支撑人力资源管理向数字化进发。在这一基础上，企业人力资源管理中的招聘、考核、培训、职业发展规划等工作环节实现了数字化管理，切实提高了工作实效，同时还能构建相应的数据库，深入发掘数据的潜在价值，进一步提高工作效率。此外，企业还需要借助数字化管理对员工进行有效管理、监督、分析，以满足企业发展对人力资源的需求，切实推动企业可持续发展。

（三）数字化工具

数字化工具是企业人力资源数字化转型的基础，能为这一目标的达成提供相应的技术支持。在具体的工作中，企业需要加快内部数字化建设，引进行业内先进技术，或是围绕人力资源管理相关业务研发多种便于操作的数字化工具，以推动企业人力资源管理的数字化转型。例如，企业可以引进远程办公系统，以便工作人员利用计算机设备进行远程操作，展开协同工作。这一系统能够进一步打破人力资源管理的诸多局限，使管理过程更加便捷高效，切实提升管理效率。

三、人力资源管理数字化建设的原则

人力资源管理数字化建设是一项范围广、投入大、周期长的系统工程，是一项关系到人力资源事业发展全局的战略举措，涉及组织结构、管理理念、业务流程甚至企业文化，是各项工作的整合。要成功地实施人力资源管理数字化，必须遵循一定的原则。

（一）循序渐进原则

人力资源管理数字化是贯穿于人力资源管理全过程的动态过程，是一项长期而艰巨的任务。人力资源管理数字化横跨人力资源部、财务部、IT部门等多个部门，涉及诸多技术要素，需要人力资源从业者具备信息技术背景、项目管理和人力资源管理等综合能力。另外，中国企业的人力资源管理水平参差不齐，各个企业的需求层次也不一样，多样化的需求加大了实施人力资源管理数字化的难度。因此，人力资源管理数字化具有挑战性，需要企业全体管理人员共同努力。既要坚持科学性、适用性，又要兼顾先进性、前瞻性。这就要求人力资源管理数字化建设，在总体规划的基础上，循序渐进、量力而行、分步实施、有条不紊地进行和完善。

循序渐进原则即整体规划，分步实施。根据实际和需求，采取渐进式的解决方案，分阶段、分规模、分步骤、分模块进行数字化。不一定采用完整的解决方案，运用大型、多个功能模块的综合性系统，可以从使用某一职能模块入手，或者选择集成的解决方案。基础好、资金实力强的企业可以一步到位，但对于多数企业来说，还应按功能模块分步实施，根据自身工作的特点和能力，找到数字化的切入点。尤其是中小企业在人力资源管理数字化过程中应该量力而行，可以先通过建立网站，发布人力资源信息、搜集信息资源。

循序渐进原则，要求考虑人力资源管理的需求，重点突破，务求实效。在不同阶段完成不同的任务，逐步完善人力资源管理数字化建设。当人力资源管理数字化尚处于初始阶段时，这个阶段的主要任务包括：对人力资源基础进行有效管理，推动专业化行政管理队伍和人事管理队伍的建立和完善，指导业务团队和员工的相关人力资源管理工作，在员工对决策层的决策实施的过程中进行科学有效的引导，对人力资源管理系统所需要的基本模块进行选择，防止产生过度追求完美的人力资源管理系统而浪费资金和时间的现象。

人力资源管理数字化的规范化管理阶段，主要任务是规范人力资源管理、优化业务流程，满足灵活的组织架构调整和基础人事事务处理及信息维护需求、薪资管理需求及员工社保福利管理需求。可以通过人力资源系统的标准模块，提供人事、薪资、社保福利等常用报表，提供个性化需要的自定义报表，满足人力资源分析需求。

人力资源管理数字化的高级管理阶段，主要任务是建立人力资源战略管理平台，同时制定考核和激励体系，这个体系以每个员工的能力素质为基础，以绩效考核任职管理为主要内容，创建由首席执行官、人力资源经理、业务经理和员工共同组成的战略人力资源管理平台，将高层的战略目标层层分解到每个部门、每个员工。

（二）　电子文件与纸质文件并存原则

在人力资源管理过程中形成了大量的信息，既有纸质文件又有电子文件。随着办公自动化的发展，人力资源电子文件信息越来越多。在很长一段时间内，对企业来说具有很大作用或巨大价值的人力资源文件，在保存电子版的同时也要保存好相应的纸质文件，而且这些电子文件应按照一定的依据进行归类。这个依据一般是记录信息的保存价值，同时要保障这些文件的安全性。凡是实现了办公自动化的单位，都要实行电子文件和纸质文件的归档双轨制。人力资源部门要从人力资源管理的特点出发，对单位办公自动化的设计和建设提出人力资源管理和电子文件归档方面的要求，不断完善企业人力资源管理系统的数字化建设，从而以数字化水平的提高推动现代化管理水平的提高。

（三）　强化管理与资源共享原则

要想提高企业的人力资源管理水平，数字化技术和手段都是基础，最重要的是要不断提升企业管理人员的素质和能力。提高企业的人力资源管理水平，其重点还在于管理水平能否达到数字化的要求，包括管理理念、管理方法、管理和技术的整合。数字化程度与管理水平是相辅相成的，人力资源管理数字化需要与之相适应的管理，同时数字化又必然能够提高整体管理水平。各单位、各部门要从数字化建设的全局出发，善于利用和充分发挥单位部门已经具备的信息资源和网络基础业务系统的作用，并实现信息系统的整合和资源配置，让各个部门和各个单位之间能够共享信息和共建信息。

四、人力资源管理数字化的实现路径

（一）完善管理体系

1. 重视数字化管理的应用

要想实现企业人力资源管理数字化转型，应重视数字化管理的应用，强化企业员工从上到下的数字化应用意识，使其从客观、专业的角度看待数字化管理的应用价值，明确数字化管理建设的必要性，并且能够应用于实践中。具体来说，企业应强化员工数字化管理的应用意识，一方面，要做好内部调查，分析企业人力资源管理工作存在的诸多不足以及需要改进的地方，随后引入数字化管理理念，立足数字化管理视角构思解决当下的问题和不足的相关举措，并制定具体的实践步骤，让员工在实施时获得更充分的指导，为数字化切实落实到位打下基础。另一方面，企业可以组织员工培训，向其灌输人力资源管理数字化的价值优势，或是带领员工到相关企业参观学习，强化员工数字化管理意识，深入理解数字化内涵，使企业人力资源数字化管理获得支持。

2. 制定人力资源管理数字化转型规划

企业的一切理念工作的实施都需要完善、系统的规划作支撑，在人力资源管理数字化转型方面同样如此。企业要制定符合自身实际情况的转型方案，而不是盲目照搬其他企业的经验，这样才能为企业人力资源管理数字化转型提供相应的发展保障。企业发展规划的制定应以战略目标为起点，做好相应的规划，确保规划内容与企业战略目标紧密相关，使得人力资源管理数字化转型能在更高层面指导企业发展，帮助企业进一步优化内部结构组织和业务流程，切实提高企业运转效率，为企业具备可持续发展能力提供保障。与此同时，企业人力资源管理数字化转型的规划，不仅需要企业管理者从大局出发制定科学的决策，还需要不断调研了解，对企业改革转型过程中出现的一系列新情况充分掌握，而后及时调整决策内容，避免决策与实际情况相背离，进而有力保障企业人力资源数字化转型贯彻落实。

3. 完善人力资源管理制度

为了提升企业资源配置效率，提高企业生产效率，实现企业战略目标，企业应该从完善制度层面入手，为相关工作切实开展提供支撑。企业应加快制度建设，一方面，在符合企业发展现实的基础上对人力资源管理规律进行深入剖析，目的是为完善管理体制以及推动人力资源的数字化建设提供有效依据。另一方面，加强企业内部不同部门间的交流合作，明确彼此的职责、义务，各司其职，各自分工，共同致力于人力资源数字化管理建设。此外，企业还应该优化管理流程，并落实到每个细节中，比如在人员招聘方面，企业应该向招聘对象明确彰示招聘流程和工作标准，并通过数字化技术对招聘对象进行分析考量，综合分析招聘对象是否符合企业的用人标准。在员工入职后，还可以根据固定的考核流程，对员工的日常表现、工作实绩进行全面考核，从而实现对企业人员的动态管理，切实提高工作质量。

（二）完善基础设施

1. 建立数字化管理平台

数字化管理平台是企业数字化转型的重要内容，要不断提高建设质量，只有这样才能为更好转型和获得更好发展打下基础。企业要对当下人力资源管理现状充分调研和了解，这是后续建设数字化管理平台的重要依据，只有这样才能引进行业先进技术，构建同企业人力资源管理实际相符的数字化管理系统，为企业人力资源管理提供相应的技术支持。企业应提高平台运行效率，一方面，加快收集、整合内部数据，包括人力资源数据、财务数据、运营数据等，明确数据来源以及数据分类，并构建相应的数据库，以便于对相关信息的查找。另一方面，构建数字化模型，分析人力资源管理存在的问题，以便做好相应的调整，推动企业的可持续发展。此外，企业还可以利用数字化管理打造协作办公平台，将人员考勤、业务流程、绩效考核等工作置于线上平台开展，进一步提高协同办公效率。

2. 提供必要的硬件设施

企业人力资源管理数字化转型要得到数字化管理相关的技术设备支持，才能更好地支撑相关工作顺利开展。企业可以通过外部采购的方式引进成熟的数字化设备，支撑人力资源数字化管理工作开展，如在员工培训的过程中，可以借助数字化设备获取每个员工的工作需求，然后通过分析制定出更具针对性的培训内容，在授课过程中将相关理论知识以影音、图像等形式向员工呈现，促使员工更直观地了解，产生更深刻的印象，进而提高学习效率。在人事档案管理中，企业可以建立电子档案管理系统，方便员工进行快速检索、查找资料，切实提高工作效率。同时，还可以将员工的一些考核、晋升、调动等信息及时储存在人力资源管理系统中，节约管理成本，提高管理效率。

（三）加强队伍建设

1. 提高管理人员综合素质

人力资源管理数字化转型的核心在于人才，如果缺少相应的人才，企业人力资源管理的数字化转型进程将会受到限制。因此，企业应加快数字化人才建设，切实提高员工的综合素质和工作能力，使其满足岗位需求，有序开展数字化管理模式工作。企业应加强员工培训，使其充分掌握数字化管理工作的相关技能，推进人力资源数字化管理工作有序开展，如数字化管理的特点是为人力资源管理工作提供相关的数据分析、预测，员工应熟练掌握这一信息技术，对相关工作进行合理分析，找到其中存在的问题，并进行相应的调整，切实提高管理效率。此外，员工在提升相关数字化管理能力后，还应提高创新能力水平，积极思考数字化管理下人力资源工作如何创新，在扎实的理论基础知识以及丰富的实践经验的基础上，大胆创新，并付诸实践，切实提高企业人力资源管理数字化工作的质量和效率。

2. 打造数字化人才体系

企业人力资源管理的数字化转型不仅要提高人力资源管理工作者的能力，还应在企业范围内打造数字化人才体系，有序推进企业人力资源管理数字化管理转型发展。企业应加强普通员工对数字化管理的应用意识，将人力资源数字化管理理念植入员工内心，使其在日常工作中主动应用数字化管理平台完成相应工作。企业还应借助数字化管理平台营造良好的工作氛围，将部分工作转移至线上平台，进一步提高工作效率。同时，线上交流互动也能够培养员工的协作意识和团队凝聚力，使其共同致力于企业的可持续发展。

综上所述，数字化转型是现阶段企业在运营发展中需应对的挑战，而人力资源管理作为企业发展中的重要组成部分，也需积极融入数字化转型环境。

所以企业需对人力资源管理现存的问题进行全面分析，明确数字化转型对人力资源管理的影响，更新管理观念，通过建立数字人才储备库、开展人员培训、数字化应用绩效管理、数字化应用人才招聘、人力资源智能化改造等方式，不断完善优化人力资源管理过程，提升人力资源管理水平，以有效促进企业数字化改革，形成数字化转型新格局。

第二节 数字化背景下客户关系管理

随着信息技术的发展，人类进入了数字化时代。大数据正在大刀阔斧地改变着各行各业，昭示着一个被数据主宰时代的到来。大数据时代，数据从简单的处理对象开始转变为一种基础性资源，如何从海量的客户信息中挖掘价值，构建合理有效的客户管理策略，已成为企业提高核心竞争力的重要影响因素。

当前，产品与服务同质化趋势明显，企业之间竞争的焦点从产品的竞争逐步转向客户导向型竞争。网络上充斥着前所未有的海量数据，大数据为客户管理带来了无限可能性，企业可以运用合理的方法对信息进行收集、处理和分析，获取辅助商业决策的关键数据，实现对客户需求的不断满足，提高客户忠诚度，实现企业价值。基于此，本节以大数据技术为例，探讨数字化背景下客户关系管理的革新优化。

一、大数据与客户关系管理的认知

大数据是指大小超出常规的数据库工具获取、存储、管理和分析能力的数据集。它所涉及的数据量规模巨大到无法通过常规工具在合理时间内实现捕获、管理、处理并整理成人们所能解读的信息。大数据具有大规模、快速的数据处理要求、差异化的数据类型及巨大的潜在价值这4类特征。在大数据时代，数据将成为企业最重要的资产，并将在大数据思维的催化下转化为企业最核心的竞争力。

客户关系管理是指企业利用相应的信息技术，协调企业与顾客间在销售、营销和服务上的交互，不断提升管理水平，实现保留旧客户、吸引新客户、转化忠诚客户的目标，从而提高企业核心竞争力的过程。在大数据背景下，传统客户关系管理模式受到冲击，市场的变化让企业开始意识到大数据在客户管理新模式中的重要作用，合理调配大数据的能力成为考验企业生命力的根本要务。在海量数据中寻找潜在客户、挖掘客户规律，通过分析客户行为从而为决策提供依据，更好地维护客户关系，运用大数据分析优化企业客户关系管理，势必具有蓬勃的发展空间。

二、大数据时代下的客户关系管理

(一) 数字化客户管理的基础——数据

在数字化时代，客户在战略要素中变得更加重要，随着数字化技术和移动互联网的发展，客户管理成为企业提升核心竞争力的重心。数据是数字化时代客户管理最重要的资源之一，在更好地理解目标客户、准确预测客户行为偏好，以及建立持续的客户信任关系等过程中，数据是将这些过程贯穿起来的不可或缺的关键资源。

在大数据时代，数据类型不再以结构化为主，而转向了结构化、半结构化和非结构化数据三者的融合。随着移动互联网的快速发展，数据来源也不再以固定设备为主，更多地转向移动终端，呈现爆发式增长。大数据时代的数据量大、类型庞杂，但数据量大不代表数据价值大，海量数据中隐藏着大量垃圾信息，这对企业的数据处理及数据分析提出了新的要求。大数据价值的完整体现，要求企业利用多种数据分析工具协同处理数据，从大量数据中提取有价值的客户信息。

(二) 利用大数据识别客户身份、描述客户画像

在数字化时代，客户的身份信息和消费过程实现了数据化，基于数据识别客户身份、描述客户画像是企业执行客户选择、建立全面客户理解和维护客户关系的基础。移动互联网时代，由客户产生的数据呈指数级增长，企业对数字化客户画像的要求比以往更加精确化，快速准确识别用户身份，成为数字化环境下客户服务过程的关键挑战。建立客户画像需要利用所有可以收集的自有数据以及第三方数据，通过信息综合和特征分析，形成对客户整体特征的全面认识，以便为后期开展客户关系管理提供可靠的依据。

(三) 通过数据挖掘分析客户行为，提供决策依据

大数据时代迎来了数据量的爆发式增长，同时也导致了低价值密度数据

的大量泛滥。由于数据类型的繁杂性以及数据来源的广泛性，大数据的处理面临着更大的挑战，要处理好大数据，企业需要在数据提取时做好数据清洗工作，保证数据质量。不是所有的客户数据都能为企业带来价值，在进行数据分析时，企业不能盲目地对全量数据进行分析和挖掘，而应借助数据处理工具将精力投入到最有可能产生价值的分析上。来自不同渠道的数据中隐藏着客户的产品偏好、信用、忠诚度及流失倾向等属性，企业可以依托这些信息对客户进行细分，实施差异化策略，为客户提供更优质的服务。通过数据分析和挖掘，企业可以对用户行为进行洞察，运用数据分析方法能够事先预测消费者对企业开展经营活动的态度及效果，进而了解目标客户的可获取性和营销活动的必要性，并据此组织企业经营活动，为企业决策提供依据。

（四）利用大数据提升客户价值，赢得客户生命周期价值

企业要想长期获得生命力，只是赢得客户的短期贡献是不够的。要想赢得更长久的客户生命周期价值，企业需要将自己定位为一个价值创造者，不断地创新产品、改善业务、优化流程，伴随客户共同成长，不断地为客户创造价值增值。企业可以运用大数据技术持续地研究和了解客户，对从客户获取、客户提升、客户成熟、客户衰退到客户流失的整个生命周期进行管理。在获取阶段关注和培育目标客户；在提升阶段借助大数据技术最大限度地挖掘和满足客户需求；在成熟阶段分析、跟踪客户的忠诚度及深度需求，以便提供更好的服务，延长成熟阶段的客户生命周期；在衰退阶段利用大数据技术及时洞察客户异动，根据不同客户情况采取不同策略，争取再次提升客户价值，进入一个新的客户价值提升周期；在客户流失阶段要尽快开展客户保留和赢回工作，根据不同的客户价值采取不同的关怀挽留活动，针对客户流失的具体原因做出改进。借助大数据对客户终身价值的深入分析，持续完善客户画像，优化客户接触点，不断创造有价值的客户互动，最终提高客户的忠诚度，实现客户终身价值。

三、数字化背景下开展客户关系管理的建议

（一）注重客户隐私保护

隐私问题由来已久，而互联网的飞速发展使得数据更加容易产生和传播，导致数据隐私问题在大数据时代变得越来越严重。客户提供个人信息的目的是让企业更好地了解自己的需求，然而却存在一些企业为了盈利将客户信息转卖给第三方的现象，导致客户产生戒备心理。应用大数据技术进行数据挖掘应该保障在不暴露用户敏感信息的前提下，对数据进行加工处理，把握客户行为，从而为客户提供有针对性的服务，而非贩卖、泄露用户隐私等的数据滥用，做到在尽可能少损失数据信息的同时最大化地保护用户隐私。

企业要进行有效的客户关系管理，就必须处理好客户信息收集与客户隐私权之间的矛盾。隐私问题的解决是企业长期发展的必然要求，企业若不能妥善处理隐私问题，则进行客户关系管理只会产生消极的影响。因此，企业在收集客户信息时，应主动提供一个具有法律效力的声明，告知用户数据将来的用途，打消顾客的疑虑。此外，企业应选派专人建立和维护用户隐私政策，设立首席隐私官的职位，专门负责处理用户隐私权相关事宜。

（二）打造数据思维，强化信息化投资与系统建设

信息系统基础设施的建设是企业应用大数据的前提。信息化建设是否完善决定了企业能否利用大数据分析消费者行为，为客户提供更精准的、差异化的服务，掌握和应用大数据技术是每个企业在今后的市场竞争中生存下来的关键。

随着大数据时代的到来，传统的数据处理技术面临着巨大的冲击和挑战，数据处理从离线转向在线，显露出实时处理的需求，对企业处理信息的准确性与实时性提出了更高的要求。现有的各种处理工具支持的应用类型相对有限，企业需要根据自己的实际需求和应用场景对现有工具和技术进行改造，打造切合企业实际需求的工具。这就要求企业加快投入信息化建设，进行管理变革，在新一轮市场竞争中抢占先机。

在大数据时代下进行信息化建设时，企业应结合自身实际发展情况制定可行的实施计划，制定实施步骤，有计划地进行信息化建设及管理。同时，企业应加强人才队伍建设，培养一批具有先进数据思维、能熟练运用大数据技术的高级人才。在大数据时代，企业的信息化建设程度影响着企业的长远战略发展，高层管理人员一定要提高对信息化建设重视程度，为企业的信息化建设提供保障。

（三）坚守人本理念，以人性化为依归

数字经济时代，越来越多的客户数据被收集与掌握，但与此同时也产生了低俗营销等现象，导致消费者与企业价值受损。进行客户关系管理很重要的一点就是企业提供的服务要能够真正满足客户需求，为顾客创造价值。这就要求企业始终秉持以人为本的服务理念，在追求自身利益的同时关注消费者福利和成长，实现顾客与企业的长期关系管理，获取客户终身价值。人本管理强调以客户为中心，注重客户的需求、激发客户的主动性、关注客户的差异性，以为客户创造价值为目标，通过各种客户关怀策略，提高客户的满意度和忠诚度，加强与客户的紧密联系，实现企业与客户的双赢。企业应以客户为中心、以数字化为基础、以智能化为动力、以人性化为依归，建立与客户的全连接，与顾客共创全价值。

数字经济时代，客户已成为企业核心竞争力中的一部分。大数据对企业的营销和管理变革提出了新要求，同时也为企业实施客户关系管理变革提供了新思路。

在大数据背景下，借助大数据技术实施客户关系管理能够帮助企业精准把握客户的需求，增强客户的满意度和忠诚度，获得更长久的客户生命周期价值，最终为企业赢得竞争优势。企业应加强信息化建设，进行大数据时代的客户管理变革，让客户关系发挥更大的价值，以便在激烈的市场竞争中占据主动，为企业的可持续发展奠定坚实的基础。

第三节　数字化背景下企业档案管理

目前，企业档案工作对于数字化建设的重视度越来越高，档案数字化建设主要是对纸质档案实现数字信息化的转换，利用计算机保存，这样可以通过计算机操作来完成对档案的管理。这种数字化档案，在满足共享需求的同时，可以提高企业管理水平，奠定企业改革发展的基础。

一、企业档案数字化的优势

"企业档案管理的数字转型，是指企业档案管理部门从以纸质文件档案管理为主导的模式全面转向以数字文件档案管理为主导的模式，其范围覆盖文件的形成、捕获、利用、处置及保存的整个生命周期。"[①] 企业档案数字化转型的优势如下。

第一，企业档案数字化有利于提升经济效益。档案数字化，实际上就是基于计算机存储纸质档案和实物档案来加以保存，首先可以满足实体空间的节约，同时也可以满足减少印刷设备、用纸、耗材等方面的支出，这样不仅可以降低成本，提升相应的经济效益。

第二，企业档案数字化有利于档案原件的保护。企业档案的价值在于开发与利用，在安全生产、经营管理、法律诉讼等方面都需要档案资料的支持。但是因为传统载体或多或少会产生限制，一旦反复借阅，就可能引起老化与损坏的现象。为了保持实体档案的长期稳定使用，企业需要耗费大量的维护资金。在实施档案数字化管理之后，不但能够规避传统载体的缺陷，同时也能够保护档案的安全性。

第三，企业档案数字化有利于档案资源的开发利用。科学化的检索，可以实现档案信息资源的开发与利用，检索的快慢，对于开发资源以及后续的有效利用会产生较大的影响，使原本的纸质档案和实物档案实现数字化的处理，并且在档案管理系统之中加以存储，这样就可以通过智能检索的基本优势，实现快速、充分、合理、有效的利用。档案数字化，也能够提高档案信

---

①石海燕．企业档案管理数字化转型发展探究［J］．城建档案，2021（08）：20.

息资源利用的实际效率，使办公室人员更加便捷地查阅资料。同时，实现档案数字化处理，能够将原本的档案管理部门转化为数据存储管理中心，最终转变单一的馆藏结构模式，找准企业改革发展的基本方向，提升档案信息资源开发的层次与质量，最终利用丰富的档案内容，满足企业改革发展利用档案的实际需求。

二、企业档案管理数字化转型发展的意义

（一）企业满足数字化时代档案利用需求的必经之路

现阶段是企业管理的数字化时代、精细化时代，企业人员的档案利用需求也在发生变化：①电子档案利用率日渐高于纸质档案，电子档案利用愈发普遍；②对档案利用的时间开始有更高的要求，档案利用者希望档案管理部门迅速、及时、准确地提供所需档案；③人们对档案利用的方便性开始有更高的期待，档案利用者希望简化档案利用审批手续，并通过网络方便快捷地获取可以开放的企业内部档案信息资源。

（二）企业提供高效档案利用服务的基本手段

对外于数字化管理时代的企业，档案管理需要起到辅助提升企业管理运营效率的重要作用，因此提供高效的档案利用服务是重中之重。企业档案数字化转型后，可以即时阅读档案信息，档案管理更加灵活和高效。企业档案可以放在网络环境中，通过网络技术等信息技术实现数字化档案信息的网上集成检索和利用，为利用者提供更加便利的档案信息服务途径，同时打破时间、地域的限制，实现档案信息的快速传输与便捷下载。

（三）企业档案管理工作发展的必然趋势

首先，传统的纸质档案载体容量有限，管理成本较高，而数字档案信息载体容量大，可以节省纸质档案保存空间，从而降低企业档案管理相关成本。其次，纸质档案一旦遭受破坏难以恢复，而数字档案信息可以实现备份，可以保留多份来避免档案受损，降低风险。再次，在查询纸质档案时通常需要

翻阅几十卷甚至上百卷的档案，工作十分繁重，而在数字档案信息利用的过程中，利用计算机可以在几分钟内检索到所需内容，能够大大提高整体工作效率。

因此，"在新时代背景下，企业应加强对人力资源管理的关注度，能够充分利用互联网等先进技术，促进人力资源管理数字化转型，以提高人力资源管理效能，更好地发挥人力资源管理作用价值，为企业的可持续发展提供人才支撑和基础保障。"①

三、企业档案管理数字化建设的有效途径

在当前的档案管理数字化建设进程中，企业需要注重档案数字化制度的落实，注重数据库建设、保密性建设、数字加工处理等方面的分析，这样才能迎合企业对于档案管理数字化建设的思考，最终推动企业档案管理持续实施，服务企业的可持续发展。

（一）建立档案数字化建设制度

开展任何一项工作，都需要制度的支持。同样，企业档案数字化建设也是如此，需要科学、完善的保障制度的支持，这样才可以实现企业档案数字化建设。

第一，基于企业的实际情况分析，制定合理的日期，并且采取提前归档的模式，针对没有按时进行归档的人员，需要针对性处理。

第二，在年终的绩效考核中纳入企业各个部门的档案管理工作。

第三，落实档案管理责任制，要求在初始档案的建立阶段，就能够细分工作，落实相关资料的整理、收集、上交以及保存，这样才能够完善其保障措施，并且在相互之间，将监督与提醒的基本作用完全发挥出来，最终形成良好的档案管理习惯。

另外，在保管档案的环节，也需要落实收集、加工、标引、检索等相应的环节，通过系统性的工作秩序建设来进行针对性的改善。

---

①曹中永．企业人力资源管理数字化转型的思考［J］．商场现代化，2023（11）：86.

（二）加强数字化档案信息数据库建设力度

在开展企业档案数字化建设的过程中，最为核心的部分是档案数据库建设，其直接关系到数字档案管理的有序实施。所以，需要加强档案信息资源数据库建设力度，具体来说，还需要考虑以下三个方面的问题。

第一，检索型的档案信息数据库，主要是对于开放性的档案，提供相应的目录、范围以及检索。

第二，文件型档案信息数据库，主要通过档案文件的顺利载入，提供网络方面的档案信息服务，并且最为关键的在于广泛的档案信息数据库类型的有效使用。

第三，对于电子文档系统建设力度的加大。一直以来，电子文档管理系统都基于数字化的模式存在。对于各种电子文档，其本身都会拥有录入、修改、归档、查询等配套的功能，这一系统，其本身拥有相应的数码摄像与扫描功能，并且还能够将原本的纸质信息内容实现数字化方面的转化，然后针对转化之后的电子文件，开展相应的科学化管理，其包含了签发、起草、归档、审核等诸多事项，最终才能够实现对存储情况和使用情况的监控。

（三）完善档案数字化的保密性建设

对于企业而言，需要格外关注档案信息的重要性，基于这一点的探讨，在数字化建设的实施过程中，应该完善相关人员的档案保护意识，能够履行自身职责，落实保密规定。确保档案本身的完整性，尽可能避免损坏、泄漏、丢失等情况出现。企业的档案信息数字化处理，方便其后续的存储，并且具有较高的调用灵活度，但是这一系列的操作之后，就可能引发信息盗取的问题。所以，在保密性的建设中，需要相应配套设施的支持，从而实现档案数字化的同步建设实施。同时，在数字化档案管理中，档案管理人员还需要时刻保持高度警惕，能够将保密工作落实。在当前的信息化时代，从某一种程度来分析，市场竞争，实际上就是信息的竞争，档案管理本身和企业的信息是无法分割的。因此，完善档案数字化的保密性建设，这才是关键所在。

（四）加强档案数字化的加工处理

针对企业数字化档案的加工处理原则，还应该考虑纸质档案数字化加工的基本原则，能够确定数字化处理范围，从理论上来分析，需要将档案数字化建设目标彻底实现，并且满足纸质档案的数字化处理。但是在实际的应用环节，这一种加工处理模式还需要耗费较长的时间，针对部分不重要的档案信息，没有必要实施数字化的处理。所以，在相关要求制定环节，需要考虑档案整理、档案扫描、档案备份、档案存储等，这样导致加工处理难度进一步加大。所以，在实际的加工处理过程中，需要对应的支持，才能够将其实现。

总而言之，档案的数字化建设一直是各个行业无法回避的问题，其涉及跨专业的融合，也关系到企业在当前大数据背景下的生产经营，所以其得到企业管理者、信息技术人员和档案专业人员的重视。随着数字化时代的不断发展，信息技术为档案管理带来了极大的便利条件，数字化档案建设已经成为必然，并且也是当前各个企业都需要面临的挑战。针对数字化的档案建设与管理，需要通过不断的努力，才能够在实践之中去探索，才能够实现数字化档案的安全、高质量、有效管理，最终促进档案管理的创新与可持续发展。

第四节　数字化背景下企业风险管理优化

数字经济时代，企业风险数据的采集、分析与应用能力直接决定了企业获取风险信息与风险管理能力的强弱，而风险管理能力又决定了企业能否健康、稳定和可持续发展。但是，在数字化认知、数字化思维和数字化能力培养等方面，企业风险管理部门和人员依然存在诸多不足，随着新技术、新产业、新业态和新模式打开新的增长空间，企业生产经营、市场营销、财务审计等业务活动也从传统的线下模式向线上迁移，数字化和智能化程度不断提升，这就要求企业风险管理部门必须加快推进风险管理数字化和智能化转型的步伐，以适应内外部环境变化和企业自身经营发展的需求。

数字经济时代已然来临，企业的内外部经营环境、商业模式、管理策略、经营行为都发生了深刻变化，影响企业发展的诸多不确定性因素也与日俱增，风险的复杂性、突发性、传染性、破坏性都不同以往，传统的风险管理操作模式和管理手段愈发难以满足数字经济时代的企业风险防控需求。本书首先梳理了不确定性和风险的关系，分析了企业风险管理信息化发展的历程，提出了企业风险管理数字化和智能化的基本概念，并依托风险管理的数字化和智能化，提出了数字经济时代企业风险管理数智化转型的逻辑、目标、框架、关键和转型路线，并结合大数据、人工智能等算法模型的逐步引入与应用，力图推动企业风险管理由传统的风险被动响应模式向数据驱动、敏捷高效、决策智能的风险主动预测预防模式转变。

一、企业风险管理信息化发展趋势

现代意义上的中国信息系统从成长路径的角度大致分为 4 个阶段，即起步探索、模仿借鉴、融合提升和创新发展，对应每个阶段的特征分别为自动化、集成化、数据化和智能化，在发展过程中，新技术和新环境的革命性冲击可能导致"跃迁"的发生。大数据、云计算、人工智能等新技术的日益成熟和广泛应用，为企业风险管理的数字化和智能化发展提供了巨大的支撑，一些以往无法实现的管理方式如多源异构风险数据的采集与挖掘分析，基于算法模型的风险模拟推演与仿真等都有了可行性，极大地丰富了企业的风险管理手段，为管理层更加科学地研判企业风险状态，制定更加有效的风险应对举措提供了有力支持。

根据信息系统和技术发展的演进趋势，企业风险管理的信息化发展可以相应地归纳为 4 个主要阶段，即手工化、信息化、数字化和智能化。

第一，风险管理手工化阶段。线下组织开展各项风险管理工作。企业风险管理部门根据外部监管要求和内部管理需要，组织制定企业级与业务级的风险管理规章和制度，形成标准化的风险作业文档和工作底稿表单，按照通用的风险管理程序开展企业级和业务级风险管理工作，输出企业风险偏好、企业风险地图、风险控制矩阵、风险操作手册和企业风险报告等工作成果。针对重大风险管理等特殊事项，组织召开行业专家研讨会，并根据专家意见形成管理建议，提交公司管理层进行风险决策。

第二，风险管理信息化阶段。业务从线下操作向线上操作转变。企业风险管理人员使用计算机和风险管理单体软件实现风险数据存储、风险分析评价和风险报告生成。在该阶段，计算机和单体软件的使用解放了许多风险管理工作者，提高了风险管理日常工作效率，计算机软件可以辅助风险管理人员开展诸如风险清单编制、风险热图绘制等基础性工作，并完成与风险报告相关的信息记录和报表编制等工作。

第三，风险管理数字化阶段。应用从信息孤岛向连接协同转变。风险管理的信息化应用不再局限于企业风险管理部门，而是进一步拓展到所有生产运营和职能管理部门。在该阶段，随着企业资源计划（enterprise resocrce planning，ERP）系统、核心业务系统的建设与应用，风险管理与规划计划、经营管理、人财物管理等企业业务活动实现了多方集成融合，风险管理信息化基于业务风控一体化模式开展。同时，企业风险管理信息化的范围也将基础性的风险辨识分析拓展至战略管理、运营管理、营销管理、财务管理等领域。

第四，风险管理智能化阶段。决策从经验知识向算法模型转变。随着"大云物移智链"等新技术的成熟与应用，风险全域感知、风险智能评价、风险趋势预测等将大幅提高风险管理人员的业务能力。在该阶段，风险管理人员能够实时采集海量的多源异构风险数据，并依托规则分析模型和数据挖掘算法对关注的风险进行多维统计分析和关联分析，通过仿真模拟预测风险演变趋势，为企业管理层提供决策支持。

二、企业风险管理数字化和智能化转型的逻辑

企业数字化转型的本质是在"数据＋算法"定义的世界中，应用数字化技术解决复杂和不确定性问题，从而提升创新能力及运营效率。数字经济时代，越来越多的企业正在加快推进自身的数字化转型进程，数字营销、智慧财务、智能制造、智慧物流等数字化和智能化应用在企业各领域中得到广泛推广，企业创造和积累的各类业务数据体量日益庞大，来源广泛、种类繁多的多源异构数据形成了企业重要的数据资源。同时，新经济带来了新的风险管理场景，而企业传统的风险管理场景又无法适应新的风险管理要求。由于企业数据规模较以往相比呈现几何级数的增长，因此在很大程度上降低了传统时期由于"信息和数据缺乏"所带来的"不确定性"和"信息不对称性"，企业可以依托"大云物移智链"等数智技术推动风险管理的数字化和智能化转型，重构传统的风险管理模式，建立以"数据驱动"为核心的新型企业智慧风险管理体系。

企业风险管理的数字化和智能化就是要在企业原有风险管理信息化建设基础之上，贯通企业部门间、系统间的数据链路和信息断点，实现数据的畅通流转和高效传输，并基于企业级全业务数据中心/数据中台、云平台等数字基础设施，综合运用大数据、云计算等新技术和深度学习等算法模型，充分挖掘海量业务风险数据所蕴含的风险信息和风险决策线索，形成数据驱动企业风险管理自动运行的状态，从而实现风险数据泛在采集、风险态势敏捷感知、风险水平智能评价、风险趋势精准预测和重大风险精准防控，有效支撑企业战略规划和绩效目标的如期实现。

三、企业风险管理数字化和智能化转型的目标

企业风险管理的数字化与智能化转型本身并不是最终目标，而是提升企业风险管理韧性能力的有效手段，企业风险管理数字化与智能化转型的目标

必须落实到风险管理的业务活动和管理决策支撑上,概括起来其转型目标主要有两个维度,即企业风险管理作业的数字化和企业风险管理决策的智能化。通过数字化和智能化转型,充分发挥大数据、人工智能等新一代信息技术的优势,推动企业风险管理角色由传统的风险作业者、风险管理者和风险决策者向企业发展瞭望者转变,助力企业研判未来风险发展趋势,保障企业价值创造活动更加稳健和安全。

(一)持续提升风险作业活动的数字化水平

企业风险作业活动的数字化,是以风险信息泛在感知为作业源头,通过统一规则标准和贯通数据链路,采集企业外部利益相关方和内部生产经营管理的多源异构风险数据,提高风险识别、风险评估和风险报告工作效率,为企业的战略管理、财务管理、营销管理、运营管理等业务领域的风险管理提供风险动态画像和风险数据支撑,全面提升风险管理部门服务业务风险管理和支撑企业价值创造的能力。

(二)持续提高风险管理决策的智能化水平

企业风险管理决策的智能化,是基于机器学习、回归分析、仿真模型等算法模型,综合运用大数据、人工智能等新技术对企业风险发展趋势进行预测,对企业风险状态进行实时监控,对风险水平进行仿真测算,对风险应对进行模拟推演,提高企业对风险研判、评估与应对的准确性、及时性和科学性,从而极大提升企业风险管理的人机智能协同决策水平。

四、企业风险管理数字化和智能化转型的框架

大数据具有多种潜在价值,是一种亟待开发利用、新的不可取代的信息资源,具有复杂性、高价值性、高速增长性、可重复开采性、决策有用性等特征,因此需要企业对其进一步处理、挖掘、开发和利用。传统的企业风险管理主要依靠手工操作方式搜集与分析风险信息,经过专家判断后进行企业层面和业务层面的风险评估,数据维度较为单一,在时效性和准确性方面也有很大的欠缺,与先进的风险算法和模型相比差距明显,这也是企业传统风

险管理亟待解决的问题。与此同时，风险管理人员跨部门、跨专业、跨层级深度介入业务活动的成本较高，通常也很难获得真实的业务数据，从而使得企业风险分析与评价的效率较低。

企业智慧风险管理就是要以企业海量经营数据为基础，以新一代信息技术为依托，综合运用算法模型和分析方法，打造数字化和智能化的风险管理平台，推动企业风险作业活动由"单纯手工操作"向"人机协同配合"转变，推动企业风险管理决策由"经验知识驱动"向"数据要素驱动"转变。

第一，推动企业风险作业活动数字化，实现从"单纯手工操作"向"人机协同配合"转变。改变传统依靠人工方式处理企业风险管理作业活动的窘境，加大数字化技术如 RPA、OCR、NLP 等在企业风险管理作业环节的应用，形成涵盖风险信息识别、风险水平分析、风险地图描绘、风险报表编报等全链条融合一体的数字化作业活动，推动企业风险管理作业活动朝信息化、自动化、数字化方向转型。

第二，推动企业风险管理决策智能化，实现从"经验驱动决策"向"数据驱动决策"转变。基于"数据＋算法"的理念，运用新一代数字技术和大数据分析手段，充分挖掘海量异构风险数据的潜在价值，有效提升企业风险管理尤其是重大风险管理的智能化水平，推动企业风险管理由"经验驱动决策"向"数据驱动决策"转变、风险管理决策服务由"被动响应"向"主动服务"转变。

第三，转变管理理念，秉持"泛在连接、数据驱动、赋能决策"的管理理念，推动企业风险管理从信息化、自动化向数字化、智能化方向演进，依托大数据、人工智能等技术，实现企业风险管理从传统的"经验知识驱动、被动反应止损"型向"风险数据驱动、主动预测预防"型转变，充分释放数据要素价值，赋能企业风险管理工作的创新发展。

第四，转变管理模式，主动适应新形势下企业高质量发展和风险防控需求，立足企业战略发展目标和绩效提升要求，依托数字技术与算法模型持续推动企业"风险管理作业数字化"和"风险管理决策智能"深入发展，逐步实现从"经验知识驱动决策"向"数据科学驱动决策"转变，用数据科学和新技术重塑企业风险管理模式，进一步提高企业风险决策的科学性。

第五，转变管理重点，改变企业未按经营周期管理风险的传统做法，按照企业"五年规划、三年滚动、一年计划"的管理周期调整和安排企业风险管理工作重点，即较长时期内关注风控能力塑造和趋势预测，中等时期内关注风险信息感知和风险预警，较短时期内关注应急响应效能和危机处置，继而在不同的时期内安排不同的解决方案，全面增强企业风险管理韧性。

第六，转变管理机制，建立运行通畅的企业风险偏好传导机制，结合自身经营实际和风险状况，专业条线、按管理层级分解落实风险管理责任，确保企业风险管理目标、风险管理策略与其风险管理能力相匹配，进一步优化完善风险在线监测、事项报告和动态纠偏机制。同时，以风险数据为驱动，建立"信息共享、能力复用、责任共担、价值共创"的企业重大风险协同治理机制，提高企业应对数字经济时代多样化风险的能力。

第七，风险数据应用，着力提升数字技术嵌入企业风险管理作业和风险管理决策的深度和广度，综合运用大数据、人工智能、深度学习和聚类、关联等数字技术和算法模型，加强对企业各业务领域产生的海量多源异构风险数据进行处理和分析，提供精准化、个性化的风险信息产品，从而实时准确地反映企业风险的真实状况。

五、企业风险管理智能化转型的关键

企业智慧风险管理，就是大数据、人工智能等技术与企业风险管理的融合应用。借助数字化手段全面感知与高效采集内外部风险数据，运用新技术洞察与企业风险密切相关的关键信息和线索，并通过深度学习等算法模型实现对企业风险状况的深刻把握、风险趋势的演绎推断和风险偏好的精准分析。企业风险管理的数字化和智能化转型是以"风险数据"和"算法模型"为驱动，重塑企业风险管理模式、机制、制度和流程，同时加强复合型风险管理人才队伍建设，打造"智能、敏捷、协同"的智慧企业智慧风险管理体系，全面提升企业的风险管理能力。因此，企业风险管理数字化和智能化转型获得成功的关键主要有以下方面。

（一）风险数据治理

在风险数据治理方面，应持续夯实企业风险管理数字化和智能化转型的数据基础，着力提升数据采集的效果，通过数据治理工作提高风险数据价值。

第一，建立企业级风险数据标准。从企业级视角统一风险数据的各项标准和规范，实现多源异构风险数据采集、处理、分析的高效运转和共享机制，规范风险数据管理体系。

第二，依托企业级数据中台赋能。沉淀公共的风险数据能力，提炼风险数据元素封装为公共服务，实现风险数据的接口标准化和服务通用化，为企业智慧风险管理的智能化应用提供坚实的数据支撑。

（二）风控建模管理

算法模型是企业风险管理数字化和智能化的核心内容，应以风险算法模型为抓手，提升风险管理的分析、评价和预测能力。

第一，增强风险算法模型的敏捷迭代。持续跟踪风险算法模型的使用情况，顺应企业内外部经营环境和风险态势的变化，依托先进的数智技术进一步提高风险算法模型的自适应和自学习能力，持续增强风险算法模型应对新形势和新风险的适应性。

第二，提高风险算法模型的管理能力。持续完善算法模型的管理机制和管理流程，针对算法模型存在的缺陷和问题，及时采取措施进行改进，保持算法模型的使用效能。明确算法模型在企业风险管理体系中的主责部门和权责内容，持续对算法模型的科学性、适用性和准确性进行监测和评估。

（三）智慧决策应用

在智慧决策应用方面，应充分发挥风险数据和信息在管理决策中的巨大价值，为企业健康发展提供重要支撑。

第一，赋能企业重大风险管理。重大风险往往是导致企业发生业务中断甚至破产倒闭的"黑天鹅"或者"灰犀牛"，企业应针对此类重大风险开发专用的预测预警模型和智能算法，根据风险影响因素的性质设置数据采集频次，定期开展重大风险状态感知、演变趋势预测、阈值超限预警和应急管理演练，保障企业重大风险的可控和在控。

第二，打造智慧风控决策中枢。通过风控决策驾驶舱的风险数据分析，直观反映企业业务风险的发展轨迹，勾勒出由外部环境、内部决策、经营变化等因素导致的业务发展方向。通过分析风险数据的动态演变状况、不确定性动态建模和智能学习与统计推断（如模拟推演、预测预报、智能分析等），支撑管理层面获得管理决策情境映现，提升企业风险趋势研判和风险洞察能力。

（四）制度流程建设

在制度流程建设方面，要根据企业风险管理数字化和智能化转型的进程和要求，优化原有风险管理制度体系和管理流程。

第一，优化风险管理制度。优化完善适应智慧风控的数据模型管理机制，对风险管理"三道防线"部门的相关制度进行适应性改造，适应业务线上化、自动化和智能化发展的要求。

第二，调整风险管理流程。根据业务线上化运作的特点，将风险管理政策、风控策略和措施等通过智慧风控工具、系统嵌入到业务流程和应用场景中，实现风险识别、评估、监测报告和计量的全面再造。

（五）专业队伍建设

在专业队伍建设方面，企业需要决定如何建立风险组织架构和治理机制，清晰规划部门职责和运营模式，设立专业化的风险管理团队。企业的数字化和智能化风险管理体系建设高度依赖业务活动和数字技术的深度融合，亟需熟悉和掌握"业务逻辑＋风险数据＋算法模型"的复合型风险管理人才。同时，要建立健全风险管理人才的横向交流、纵向锻炼和引进机制，逐步培养懂业务、能建模、精通大数据技术的人才队伍，打破部门业务隔阂、系统孤岛，建立内部协同运作工作机制，推进风险管理人员与业务部门人员的联动互通，从而打造灵活敏捷、专业高效、配合默契的企业智慧风险管理团队。

六、企业风险管理数智化转型的路线

推进企业风险管理的数字化与智能化转型，需要立足"望远镜"的角色定位，以企业重大风险为"核心"，以风险大数据为"驱动力"，以企业风险管理的数字化和智能化管理平台为"支撑"，全面构建企业风险管理的转型发展策略。基于此，本书提出按照"顶层设计、筑基速赢、全面转型"三个发展阶段来推进企业的风险管理数字化与智能化转型。

第一，"顶层规划、引领转型"阶段，制定符合数字经济时代的企业发展战略、商业模式和经营方式的风险管理转型策略、愿景和目标，并以风控专业引领、数字技术赋能、风险数据驱动为主线，立足企业实际，着眼未来发展，统一转型规划，围绕风险数据泛在感知、风险数据互联互通、流程自驱自动管理和风险决策智能高效开展顶层设计。

第二，"筑基速赢、彰显价值"阶段，以企业风险管理数字化与智能化转型顶层设计为指导，构建企业级风险管理、内部控制、合规管理等专业的数智化管理平台，奠定风险管理数字化与智能化转型基础，并持续进行升级改进或优化重构，实现企业风险管理数字化变革的速赢与创新需求。

第三，"全面提升、协同治理"阶段，以"敏捷迭代、小步快跑"的模式推进风险管理数智化转型过程，通过不断的迭代更新和优化升级，形成企业风险管理数字化与智能化转型的常态运营和演进能力，实现企业风险管理全面转型和风险高效协同治理。

企业风险管理的本质是管理"不确定性"，"不确定性"程度的高低与企业掌握的数据量和信息量有着密切关系，因此企业要最大限度地降低信息的不对称程度。随着国家、社会和企业对信息化建设投入力度的不断加大和数字化转型进程的持续深入，企业风险管理也必将迎来"智能化"时代。长远来看，企业风险管理的数字化和智能化仅仅是整个社会发展趋势的一个缩影，只有数字化和智能化的企业风险管理才能更加适应数字中国、数字社会、数字政府和数字企业的发展趋势。

参考文献

[1]曹春花.互联网＋时代企业档案管理数字化创新研究[J].企业改革与管理,2021(19):62－63.

[2]陈思瑶.数字经济内涵与经济高质量发展[J].广东经济,2023(02):76－79.

[3]陈亚芳.现代企业档案管理数字化建设探究[J].办公室业务,2020(10):183＋186.

[4]杜蕊.云计算技术发展的现状与未来[J].中国信息化,2021(4):43.

[5]端木海臣.文字识别视域下的人工智能机器学习的文字识别方法研究[J].电脑编程技巧与维护,2017(12):82.

[6]付丽红.数字经济时代对企业财务管理转型的思考[J].中国管理信息化,2023,26(09):76－79.

[7]龚勇.数字经济发展与企业变革[M].北京:中国商业出版社,2020.

[8]郭亚丽.数字经济背景下企业数字化转型的问题研究[J].全国流通经济,2023(07):76－79.

[9]洪银兴,任保平.数字经济与实体经济深度融合的内涵和途径[J].中国工业经济,2023(02):5－16.

[10]居桦,崔馨方,居占杰.数字经济的基本内涵、作用机理及发展趋势[J].产业与科技论坛,2022,21(13):12－14.

[11]李凌杰.数字经济发展对制造业绿色转型的影响研究[D].长春:吉林大学,2023.

[12]李貌.基于公有云的中小企业获客系统设计与实现[J].信息系统工程,2021(2):27.

[13]利锐欢,谢玉祺.基于大数据的安全生产人工智能应用分析[J].科技资

讯,2022,20(14):76.

[14]刘光妍.新时代背景下数字经济推动经济发展的几点思考[J].商情,2021(17):23.

[15]刘军,韩燕鸿,潘建科,等.人工智能在中医骨伤科领域应用的现状与前景[J].中华中医药杂志,2019,34(08):36—38.

[16]陆菁菁.中小企业数字化转型问题及对策[J].中国外资,2023(15):102—104.

[17]欧阳日辉.数字经济的理论演进、内涵特征和发展规律[J].广东社会科学,2023(01):25—35+286.

[18]邵军.理解数字经济:内涵、发展与中国情境[J].阅江学刊,2023(03):84—91+174.

[19]石海燕.企业档案管理数字化转型发展探究[J].城建档案,2021(08):20—21.

[20]束佳萍.区块链技术在财务会计领域的应用研究[J].会计师,2022,(23):13.

[21]孙克.数字经济[J].信息通信技术与政策,2023(1):1—4.

[22]王毅,农璐.数字经济时代中小企业面临的转型困境及发展路径研究[J].中国商论,2023(14):57—60.

[23]王玉珏,聂宇,刘石梅.企业财务管理与成本控制[M].长春:吉林人民出版社,2019.

[24]魏秀霞.数字经济时代企业数字化转型的实现路径分析[J].全国流通经济,2023(06):72—75.

[25]吴佳明,宋琪达,郭婷婷.加强企业人力资源信息化管理的策略探讨[J].企业改革与管理,2021(19):112—113.

[26]吴旻.数字经济时代的中小企业创新转型[J].浙江经济,2023(06):48—49.

[27]肖静媛.企业档案管理数字化建设思考[J].办公室业务,2020(16):178+186.

[28]徐忆梅.互联网时代企业人力资源信息化管理体系的构建策略[J].企

业改革与管理,2021(23):96-97.

[29]于凤霞.数字经济背景下中国式现代化的理论逻辑、战略内涵与实践路径[J].中国劳动关系学院学报,2023,37(03):11-19+91.

[30]于洪,何德牛,王国胤,等.大数据智能决策[J].自动化学报,2020,46(5):878.

[31]余海蓉.数字经济背景下企业的数字化转型及融合发展研究[J].商展经济,2023(07):152-154.

[32]张鸿,董聚元,王璐.中国数字经济高质量发展:内涵、现状及对策[J].人文杂志,2022(10):75-86.

[33]张侠.大数据下的企业财务管理研究[J].全国流通经济,2022(3):75.

[34]张鑫,王明辉.中国人工智能发展态势及其促进策略[J].改革,2019(09):31.

[35]张一.现代企业管理探究[J].中国商贸,2011,(3):68.

[36]钟昌标.数字经济与经济学理论创新[J].阅江学刊,2022,14(5):105-108.